El dinero en la pareja

Clara Coria

El dinero en la pareja

Algunas desnudeces sobre
el poder

**editorial
PAIDOS**

México — Buenos Aires — Barcelona

Título original: *El dinero en la pareja*

Cubierta: Alfred Astort

1ª edición en Ediciones Paidós, 1991
1ª edición en Editorial Paidós Mexicana, 1991

© de todas las ediciones en castellano
    Ediciones Paidós Ibérica, S.A.
    Mariano Cubí 92, 08021 Barcelona
    y Editorial Paidós, SAICF
    Defensa 599, Buenos Aires

© de esta edición
    Editorial Paidós Mexicana, S.A.
    Guanajuato 202-302
    06700 Col. Roma
    México, D.F.
    Tels.: 564-7908 ● 564-5607

ISBN: 968-853-192-8

Derechos reservados conforme a la ley

Impreso en México
Printed in Mexico

Dedico este libro

A quienes están convencidos de que el respeto mutuo es difícil pero vital.
A quienes coquetean con la paridad y finalmente se tientan.
Y a todos aquellos hombres y mujeres que aún no se dieron cuenta de que la democracia empieza por casa.

Si en la pareja repartiéramos el poder equitativamente, tal vez sería posible sufrir sólo por amor

Sumario

Agradecimientos

le agudiza rts al enmig- El sentido d supervivencia

EMIOR

A Alby Gellon, con quien comparto el placer de convivir y la profunda convicción de que el crecimiento mutuo es el mejor alimento para el amor.

A mi muy querida hija Moira, cuyas críticas adolescentes e implacables agudizan mi sentido de supervivencia.

A Gabriel y Sofía Gellon, que me permiten compartir muchas de sus búsquedas. *IMIG*

A mis queridas amigas Elda Busacchio, Mabel Burín, Sonia Chain y Miriam Cogan por el inigualable placer de disfrutar la amistad.

A mis compañeras/os del grupo de Investigación sobre Grupos con quienes he compartido en los últimos tres años una hermosa experiencia de trabajo y solidaridad profesional.

Al Dr. Raúl Usandivaras (Buby), responsable de la conducción del grupo de Investigación sobre Grupos, por su autonomía de criterio y su invalorable actitud de respeto y desprejuicio que convierte al trabajo en placer y al compartir en una experiencia creativa y solidaria.

A mis colegas Elda Busacchio y Mabel Burín por la cuidadosa lectura del texto y sus valiosos comentarios.

A las mujeres del Grupo de Reflexión que coordino desde 1988, quienes con sus inquietudes y tenacidad reflexiva enriquecieron mis observaciones.

A los hombres y mujeres que participaron en los Grupos de Reflexión que integraban el proyecto de Investigación sobre "El dinero en la pareja", en que basé gran parte de mis escritos sobre el tema.

A María Rosa Rivero, encargada del Proyecto "Mujer" en la Municipalidad de Avellaneda, quien me brindó la posibilidad de trabajar con grupos de mujeres en una sociedad de fomento de la circunscripción.

A Jaim Rozembom, coordinador de las actividades para adultos en la Asociación Hebraica Argentina, que me posibilitó trabajar con grupos en dicha Institución.

A Saira Arias, de la Federación de Mujeres Empresarias y de Comercio que contribuyó a convocar a mujeres empresarias.

PROLOGO

El dinero sigue siendo un tema tabú. Pero en la relación de pareja adquiere un grado de intensidad que supera lo imaginable. Profundamente conflictivo y tradicionalmente omitido, expone y encubre a la vez la trama de relaciones que subyace. Es ineludible y refleja con nitidez aplastante los complejos matices del poder. Reproduce en el microespacio de la relación de dos, los condicionamientos económicos, políticos y culturales del macroespacio social. En ese sentido, la pareja no es receptora ingenua y tampoco transmisora inocua. Ello me tentó a indagar en esa intimidad que trasciende lo privado.

Después de haber publicado *El sexo oculto del dinero* (en 1986), y tras un breve descanso, puse en marcha un proyecto de investigación con ese objetivo. Convoqué a hombres y a mujeres a participar en Grupos de Reflexión. Coordiné los grupos, separados por géneros sexuales, durante los años 1987 y 1988 en poblaciones de distinto poder adquisitivo. La elaboración del proyecto de investigación, su ajuste, el trabajo de campo, la grabación y registro de las reuniones así como la desgrabación, análisis y elaboración del material fue una tarea muy ardua, agotadora y excitante al mismo tiempo. La llevé a cabo sin otra compañía que mi tenaz curiosidad. El proyecto contó con el patrocinio oficial y con mi propia financiación. Muchas horas semanales dediqué durante dos años consecutivos a la investigación propiamente dicha. No fue fácil. Tropecé con no pocos obstáculos, pero también conté con el estímulo de colegas y amigos. Sigue siendo mi principal interés rastrear en las profundidades a partir de los hechos cotidianos, para retornar finalmente a ellos. De esa manera, pretendo tender un puente entre la

13

supuesta naturalidad de lo obvio y sus determinaciones indiscutiblemente culturales e ideológicas.

Por eso en este libro abordo temas concretos y familiares. Entre ellos, las diversas tácticas de poder con que, a través del dinero, las parejas plasman su concepción del amor, de la autonomía, de la protección. Rescato encubrimientos complacientes, como por ejemplo el dinero que esconden las mujeres y algunos de sus significados. Incluyo ciertas vicisitudes por las que atraviesan algunas mujeres que delegan los lugares de poder económico en sus maridos, cuando los incorporan a las empresas que ellas iniciaron y llevaron adelante con éxito. En un acto de arrojo, me animé a plantear lo que llamo «temas malditos», que incluyen, entre otras cosas, algunos aspectos de los contratos implícitos en las parejas, las facturas encubiertas, los espacios que delimita la disponibilidad de dinero, el presupuesto y algunas de sus implicaciones, así como también la valoración económica de lo doméstico y los frecuentes desequilibrios en la disponibilidad de los beneficios económicos.

Como hablar del dinero es hablar del poder, he considerado importante incluir un capítulo en el que incursiono en algunos de aquellos aspectos psicosociales que condicionan la marginación de las mujeres respecto del poder público. Analizo el llamado «poder oculto» de las mujeres y dos de sus tácticas más tradicionales: seducir y generar culpa.

Este libro debe ser considerado como una continuación del anterior. Las bases teóricas provienen de las mismas fuentes que alimentaron a aquél: mi formación psicoanalítica, los conocimientos teórico-técnicos de los Grupos de Reflexión según la teoría de Pichon Rivière y las aportaciones de los Estudios de la Mujer.

Afortunadamente, esta obra está incompleta. Y digo afortunadamente porque, como dice mi editor, ello sirve de estímulo para una nueva. Hay aspectos que no han sido aún contemplados como, por ejemplo, que el dinero también puede ser un recurso de amor y no sólo de poder o sometimiento. Posiblemente para llegar al amor, en relación al dinero, haya que desandar resentimientos y rescatar el placer solidario por encima del placer del poder. Otro aspecto no desarrollado suficientemente es el que se refiere a la problemática del varón. Si bien he tenido en cuenta al hombre, no le he brindado la misma dedicación que a las mujeres. Tengo algunas razones que lo justifican. En primer lugar, creo que ambas problemáticas remiten a una situación común, que es el modelo de relación en que están insertos unas y otros. Modelo autoritario y jerárquico que promueve el predominio del poder, y por ende la sumisión. En ese modelo se insertan los hombres y las mujeres, padeciendo sus consecuencias y jugando cada uno su juego, con los recursos que le son propicios. Mi trayectoria en la indagación de la problemática femenina me posibilitó mejores recursos para desentrañar, en la compleja trama que vincula a los miembros de la pareja, las vicisitudes por las que atraviesan las mujeres. La problemática masculina no es menos importante, y debe ser tratada con toda la profundidad y solvencia que se merece. El que yo haya focalizado predominantemente la perspectiva de las mujeres no se debe a que discrimine al hombre. Se debe a que el varón también requiere un abordaje exhaustivo que excede en la actualidad mis posibilidades. Pero hay además otra razón. Estoy totalmente convencida de que son los hombres quienes deben ocuparse de los hombres, porque son los que están en mejores condiciones para comprender vivencialmente, y no sólo intelectualmente, la problemática masculina. Sangran por las mismas heridas y sufren las mismas incertidumbres. De hecho, ya hay profesionales masculinos que se están ocupando de ello. En este sentido, considero importante no repetir la soberbia histórica que se ejerció sobre las mujeres, quienes durante siglos fueron exclusivamente estudiadas y «comprendidas» por los hombres. Ellos explicaban, con fuerza de verdad, lo que alcanzaban a percibir, y colocaban bajo la etiqueta de «misterio femenino» aquello que se les escapaba. En parte por falta de resonancia y en parte porque se tomaban como referentes. Todo lo que excedía el propio modelo entraba en un cono de sombra. Aprovechemos los errores históricos para no repetir con los hombres el doloroso esquematismo que sufrieron las mujeres y evitar la tentación de caracterizar como «misterio masculino» todo aquello que podría exceder la comprensión de las mujeres.

Por último deseo mencionar que al finalizar este libro (junio

15

de 1989) Argentina atravesaba una de las peores crisis económicas de su historia, con estallidos sociales, incertidumbre política e imposibilidad de previsiones futuras. No fue fácil seguir trabajando acosada por vivencias tan angustiantes. En medio de una crisis de tal magnitud más de una vez me pregunté sobre la pertinencia de editar un libro sobre este tema ya que –pensaba– para cuando estuviera en la calle, el tema podría llegar a ser muy oportuno o totalmente irrelevante, aplastado por mayores urgencias. Decidí llevar adelante la empresa, convencida de que en momentos como éste, la continuidad en el trabajo y el empecinamiento en producir son los mejores sustentos. Además, la historia muestra reiteradamente que las crisis no son sólo desestructuración y riesgo. Son también posibilidad de cambio. En relación al tema que nos ocupa, la oportunidad reside en llevar a cabo nuevas alternativas en la relación entre los sexos, que no desaparezcan cuando la crisis pase y abran las puertas a un modelo de relación más solidario. Un modelo donde el deseo de poder no asfixie al poder del amor.

C.C.

1
Introducción:
Indiscreciones acerca de un tema irritante

EL DINERO EN LA PAREJA ES ALGO MÁS QUE UNA CUESTIÓN ADMINISTRATIVA

La pretensión de indagar acerca de las prácticas del dinero en la pareja me obligaron a bucear en los intrincados laberintos de la interacción humana, y al emerger no pude menos que expresar mi sorpresa por tantas cosas vistas que no eran nuevas ni desconocidas, sino simplemente omitidas. Hablar del dinero en la pareja es hacer referencia a lo que muchos saben y pocos dicen. Es hablar de lo que muchos creen que no debe ser mencionado porque el solo hecho de hacerlo es invocar los *intereses personales.* Intereses cuya existencia genera –entre otras cosas– vergüenza y culpa porque supuestamente atentan contra una concepción de la pareja sustentada en la fusión de dos en uno y en el amor romántico. Intereses que aun cuando son reconocidos y considerados legítimos para una cultura inmersa en el sistema capitalista son, sin embargo, vividos como impropios de la pareja. Es posible oír decir que en una pareja donde hay amor «del bueno» no se habla de dinero, y es así como frecuentemente llevan el dinero a la cama dirimiendo entre las sábanas las cuentas que no cierran sobre el papel. A menudo, cuando el tema del dinero surge en la pareja, los hombres se ofenden y las mujeres se llenan de culpa. Violentos unos e impotentes otras relegan las cuestiones de dinero pretendiendo con ello disimular los intereses y ocultar los temores. Temores que siguen en pie dando nacimiento a toda una corte de comportamientos tortuosos que convierten a la sagrada pareja en un oscuro campo de batalla. Hablar del dinero en la pareja es también hablar de lo que en general se prefiere

17

callar...; es hablar de lo cotidiano, es hablar de la *evidencia*. Una evidencia que a menudo se vuelve opaca a nuestros propios ojos hasta el momento en que 15 o 20 años después se hace visible de manera cegadora. Una colega amiga me dijo un día en que nos encontramos por casualidad: «Esto es para tí, que andas en esas cosas del dinero. Acabo de separarme después de 19 años de matrimonio en que los dos trabajábamos y ganábamos un buen dinero como profesionales independientes. Entre los dos cubríamos los gastos que íbamos generando, pero mis excedentes se los daba a mi marido para que él los capitalizara de alguna manera. Como profesional no entiendo en dinero, la mejor manera que encontró fue depositar nuestro dinero en una cuenta en el extranjero. Cuenta que nunca me fue ocultada, pero que administraba mi marido como algo natural apoyado por mi falta de interés. Cuando nos separamos me dijo con total naturalidad: "No te preocupes, querida, por ese dinero, cuando lo necesites me lo pides que yo te daré lo que creo que te corresponde"». Dolorosa evidencia es constatar que el desinterés de ella y el control de él consolidaron maneras de ejercer el poder que por lo menos tenían 19 años de arraigo.

Hablar del dinero en la pareja es hablar del *poder* y de la manera en que este poder circula y se distribuye. De un poder palpable que se materializa en las prácticas cotidianas y concretas con el dinero. Aquellas donde ese poder se hace más palpable tienen que ver con la administración del dinero, su disponibilidad real y la toma de decisiones. Por ejemplo, cuando observamos la manera en que se distribuye la administración del dinero en una pareja podemos apreciar quién carga con qué responsabilidad y cuál es la calidad de los réditos que cada uno obtiene de ello. No ofrece la misma satisfacción ni los mismos grados de libertad administrar los dineros «pequeños» que los dineros «grandes».[1] De la misma manera, cuando observamos quién detenta la disponibilidad real del dinero tenemos un panorama claro de quién está en mejores condiciones para imponer su voluntad si así lo desea. O, dicho de otra manera, quién está supeditado a quién.

---

1. Este tema fue ampliamente desarrollado en *El sexo oculto del dinero*, Grupo Editor Latinoamericano, Buenos Aires, 1987.

En ocasiones frecuentes, las mujeres hablan de un dinero común del cual realmente no disponen porque dicho dinero ha sido colocado en Sociedades Anónimas cuyas acciones (que a menudo nunca vieron) están a disposición del marido. *La disponibilidad del dinero no supone automáticamente ejercer el poder, sino contar con el recurso que lo posibilita. Por el contrario, la indisponibilidad coloca automáticamente a un sujeto a merced de la voluntad del que dispone.* Los desequilibrios en cuanto a la disponibilidad del dinero común generan diferencias en los grados de libertad y también prerrogativas que favorecen a unos en detrimento de los otros. Es importante señalar muy especialmente que estos «favoritismos» condicionan una relación de pareja que necesariamente abre las puertas al autoritarismo, a la dependencia, a los resentimientos y a las reacciones reivindicativas, que tarde o temprano surgen a la superficie con la presentación de facturas retroactivas. Todo ello pasa a engrosar la ya compleja interacción entre las personas que constituyen eso que se llama «pareja», y que supuestamente «todos sabemos qué es», aun cuando zambullidos en ella nos lleve largos años llegar a entender qué es lo que finalmente la experiencia nos demostró que es. Como el dinero en nuestra cultura capitalista es uno de los instrumentos privilegiados de poder, la distribución y disponibilidad del mismo en la pareja reflejan con toda nitidez cómo está repartido el poder y qué uso hace de él cada uno de sus miembros. Nuevamente podemos afirmar que el dinero es un alcahuete, un alcahuete del poder.

Hablar del dinero en la pareja es también hablar de la *concepción ideológica* que tenemos de ella. Resulta sugestivo el dicho popular que compara a nuestra *partenaire* con una media naranja. De esto se deduce que la pareja, siguiendo la misma lógica, sería una naranja entera con idéntica constitución en cada una de sus partes. Esta historia de la naranja resulta ser el planteamiento de dos que dejan de ser dos para transformarse en uno solo. Uno subsumido en el otro, contenido por el otro y ocultado por el otro.

Esta particular concepción de la unidad, que sugiere que los miembros de la pareja son idénticos entre sí, suele acarrear consecuencias que atentan contra la existencia social de uno de ellos. Esta, por ejemplo, es la concepción que subyace en ciertas prácticas cotidianas que las leyes han sostenido hasta hace muy poco y que la sociedad elevó a la categoría de «natural». Me refiero a la práctica por la cual, al casarse, una mujer perdía su apellido de origen, subsumiéndose en el apellido del otro y borrando así de la superficie social las huellas que podían identificar ante los demás su identidad.

Por el contrario, también se podría pensar que la pareja no es una sola naranja sino (siguiendo con la analogía frutal) frutas diferentes que deciden compartir un mismo frutero. En ese caso todo se complica porque sus diferencias en sabores, texturas, colores y volúmenes no siempre armonizan y el compartir se convierte en un movimiento permanente de acomodación en donde cada parte requiere ser tenida en cuenta. Esta pretensión que cada parte tiene de reivindicar su existencia supone –entre otras cosas– el reconocimiento y legitimación de *espacios propios,* de espacios individuales, de espacios no compartidos que, junto con aquellos que sí lo son, forman la compleja y rica trama de un intercambio no estereotipado ni cercenado por la exigencia de que lo que no coincide totalmente con el otro debe quedar fuera de circulación. Como podemos observar en este breve esbozo, no es lo mismo vivir la pareja como una unidad de partes idénticas que como la unión de dos subjetividades. Y según como la concibamos tenderemos a llevar a cabo prácticas muy distintas en relación al dinero. Prácticas en las que daremos o no lugar a los espacios propios, a la diferencia de intereses, a las decisiones compartidas. Prácticas que expresan y materializan la concepción que subyace a la idea de pareja. No hay ningún acto humano que no esté orientado por una ideología, es decir, en palabras de Shilder: «...por sistemas de ideas o connotaciones que los hombres disponen para mejor orientar su acción; (las ideologías) son pensamientos más o menos conscientes o inconscientes, con gran carga emocional, considerados por sus portadores como el resultado de un puro raciocinio, pero que, sin embargo, frecuentemente no difieren en mucho de las creencias religiosas con las que comparten un alto grado de evidencia interna en contraste con una escasez de pruebas empíricas».[2]

2. Shilder, P., «The analysis of ideologies as a Psychotherapeutic Method, Especially

Hablar del dinero en la pareja es también hablar del amor: ese sentimiento tan complejo, tan añorado cuando falta, tan exaltante cuando nos penetra, tan doloroso cuando nos lastima. Ese sentimiento que no me atrevo a definir por una elemental conciencia de mis limitaciones. Ese sentimiento que el romanticismo caracterizó como etéreo e intangible y al que yo trataré de presentar como muy concreto y palpable. Podría afirmar que el amor en la pareja se ve y se toca en los comportamientos concretos que cada uno tiene para consigo mismo y para con el otro. Si coincidimos en aceptar que amar a otro es otorgarle un espacio en nuestro interior, reconociéndole su particularidad y su existencia desde nuestra propia particularidad y existencia, nos encontramos con que esta idea del amor dista bastante de otras en boga que suelen gozar de gran popularidad y prestigio. Esta idea del amor, que parte de reconocer y legitimar dos existencias, es muy distinta de la idea del amor concebido como una entrega total a otro, en donde el otro se convierte en el centro de nuestra vida, hasta el punto de que sus anhelos condicionan nuestros deseos, sus demandas nuestra entrega, sus espacios nuestros vacíos y su pérdida nuestra muerte. Esta idea de un amor relacional entre dos subjetividades difiere tanto del amor altruista como del amor egocéntrico: desde ángulos complementarios estas dos maneras de concebir el amor reeditan la idea de que «dos son uno», y que, centrándose en «uno», el otro, por complementariedad, está incluido y cubierto.

Resulta muy llamativo observar que, en lo que a la pareja se refiere, se ha producido una distribución por sexos que ha otorgado a las mujeres el privilegio de expresar su gran capacidad amatoria a través del amor altruista. Aman con altruismo a los hombres, a los hijos, a la humanidad. Y esto se expresa en comportamientos muy concretos: son amantes devotas, son madres abnegadas, y se ofrecen como portadoras de la paz en el mundo. Si tomáramos como unidad de medida del amor los grados de libertad que esos amores promueven o posibilitan, caeríamos en la cuenta de que el amor altruista es una entrega que deja muy pocos grados de libertad a quien lo ejerce. Si

in Group Treatment», *American Journal of Psichiatry,* 93, 601-617, 1936.

aceptamos que «querer bien» es promover la propia existencia y la ajena defendiendo el derecho a ser uno y contribuyendo a promover el desarrollo del otro, es factible comprobar que dicho amor se ve y se toca en las prácticas concretas de nuestra vida cotidiana. Y en lo que a nuestro tema se refiere, en las prácticas concretas a través del dinero. Esto me lleva a formular algo que posiblemente irrite a muchos. A formular que el amor y el dinero no van por carriles paralelos ni son uno la negación del otro. Por el contrario: *nuestras prácticas concretas con el dinero en la pareja reflejan y expresan maneras muy precisas de querer a otro y quererse a uno mismo.* Con esto no estoy diciendo –en absoluto– que el dinero puede intercambiarse con el amor y reemplazarlo, actitud frecuente en algunas personas que, incapaces de amar, reemplazan con dinero lo que no pueden dar con afecto. Estoy diciendo que el dinero nuevamente es un alcahuete que pone de relieve si nuestra manera de querer es controlando, subordinando y asfixiando, o contribuyendo a generar condiciones de desarrollo y crecimiento. Y esto es válido tanto para las demandas que nosotros efectuamos como para los requerimientos que el otro nos hace. Otra manera de decirlo es que, *si aceptamos que la pareja es fundamentalmente una relación entre dos sujetos que intercambian todo aquello que necesitan para vivir lo más plenamente posible, el dinero vendría a representar el aspecto material de dicho intercambio y la forma concreta en que lo hacemos efectivo.*

Hablar del dinero en la pareja es también despertar los fantasmas que acechan a hombres y a mujeres. Algunos de ellos se alimentan con el temor a lo desconocido y a lo que vendrá de la mano de los tiempos nuevos que modifican lo tradicional. Otros, reivindicativos, no son nada más ni nada menos que la concentración de anhelos postergados o el rendimiento retroactivo de cuentas. Los fantasmas de los hombres son distintos de los que acosan a las mujeres, pero ni unos ni otras se salvan de ellos porque hubo demasiada imposición y demasiada sumisión. Los fantasmas que acechan a los hombres tienen cara de represalia y los asustan con sus pancartas de «ojo por ojo y diente por diente». No hay charla o conferencia relativa al tema en la que los hombres no eleven su voz para plantear que se debe tener cuidado con la liberación que pretenden las mujeres, porque –como he oído literalmente decir– «hasta ahora todo ha funcionado bien, pero si las mujeres toman el poder no sabemos dónde acabaremos...», como si fuesen muy tranquilizadoras las experiencias históricas pasadas y las alternativas futuras conducidas con exclusividad por el poder masculino. Estas reflexiones dichas con voz sentenciosa se convierten en un terrorismo intelectual y emocial que tiene como meta incrementar las inseguridades de las mujeres y reafirmar la autoridad del saber asignado al varón. El miedo concreto que expresan los varones es quedar a merced de las mujeres, a quienes sojuzgaron con su dinero y con la autoridad que les adjudicó la cultura patriarcal que jerarquizó las diferencias y colocó al varón en la cúspide de dicha jerarquía. Pero ése no es el único miedo. Hay otro no menos aterrador, el de quedar «debilitados» en su identidad masculina. Una identidad masculina que se ha sustentado en el ejercicio del poder y en la disponibilidad exclusiva del dinero. Con el replanteamiento de ambas cosas los hombres temen «no ser nadie» y, en consecuencia, tampoco valorados ni amados. Un periodista y escritor español, Antonio Alvarez Solís, con quien compartí una entrevista radiofónica, expresó con profunda lucidez y gran honestidad que, en su opinión, las mujeres tendríamos que luchar a brazo partido para conseguir espacios de poder en nuestra cultura, porque los hombres no iban a ceder esos espacios fácilmente ya que «si nos sacan el poder y el dinero nos quedamos desnudos».[3]

Las mujeres, a su vez, no lo tienen mucho más fácil. Cargando con una profunda vivencia de transgresión que las llena de culpa ante cada cambio, las mujeres van hacia el futuro acosadas por fantasmas que les susurran al oído presagios paralizadores. Esos susurros son amenazas de desamor, de soledad y, sobre todo, de desamparo al no tener a un hombre-súperman-padre que les garantice protección vitalicia. Son fantasmas que hacen creer que ser independiente es quedar definitivamente a la intemperie y a merced de un «mundo salvaje». Son fantasmas que tergiversan la realidad y la lógica ensalzando las banderas del desvali-

3. Entrevista radiofónica desde Barcelona, en colaboración con la Radio Nacional de España, con el escritor Antonio Alvarez Solís (13-10-88).

miento y proclamando el desamparo del suficiente. Son fantasmas que tergiversan la realidad y la lógica ensalzando las bondades del desvalimiento y proclamando el desamparo del suficiente. Son fantasmas que se especializan en «mover el suelo» y hacer creer que la seguridad está en la dependencia. De manera similar, los países centrales quieren convencer a los periféricos de que lo mejor que les puede pasar es ser sus protegidos. Como vemos, los fantasmas que acechan a hombres y mujeres desempeñan roles complementarios haciéndole el juego al «no cambio». Hablar del dinero en la pareja es evocar estos fantasmas que, sigilosos, como vigías nocturnos, están alerta a todo vestigio innovador.

Y por último (pero no lo último) hablar del dinero en la pareja es también ventilar profundos resentimientos que se acumulan en hombres y mujeres en esta época de transición en que conviven cambios y tradiciones. En los hombres, parte del resentimiento se genera en el hecho de comprobar que no es fácil –y a veces tampoco posible– zafarse de la enorme responsabilidad que la sociedad les impone de asumir el rol de proveedores económicos sin poder disfrutar desenfadadamente del poder absoluto que en otras épocas traía aparejado dicho rol. Todos los hombres saben que dejar de cumplir con el rol de proveedores económicos es hacer frente a la censura social, y que seguir cumpliéndolo ya no rinde los mismos dividendos de poder que antes. Otra parte del resentimiento se genera al comprobar –como dice el tango– «que la vida lo engañó». Muchos de ellos soñaron con una esposa que debía cuidarlos como «una madrecita». Y ahora resulta que las esposas ya no quieren ser madres ni competir con la suegra para ver quién lo alimenta mejor, ni aceptar resignadas la postergación a segunda clase por jovencitas que insuflan vitalidad a «los pobres maridos maduritos que tanto se sacrificaron por el futuro de la familia», ni tolerar un «servicio sexual» que muchas veces está lejos de ser una satisfacción compartida. Los hombres están resentidos por perder prerrogativas sin haber dado el consentimiento.

Y las mujeres también lo están aunque por motivos muy distintos. En ellas la situación es mucho más compleja. Obligadas a demostrar que no son inferiores a los hombres, cada una de las actividades extradomésticas que realizan se convierte en un duro examen en el que deben demostrar un rendimiento muy por encima de la media para competir con hombres/varones a quienes no se les exige ni la mitad de lo que se espera de las mujeres. Paradójicamente, las catalogadas como inferiores deben dar prueba de su superioridad. Por otro lado, criadas en la dependencia y con el mandato social de perpetuar los valores tradicionales, las mujeres cargan con la exigencia de seguir siendo las madres incondicionales cuya abnegación se espera alcance no sólo a los hijos y maridos sino también a todo tipo de relación en el ámbito laboral. A esto hay que agregarle la exigencia de seguir siendo las responsables de despertar y mantener vivo el deseo erótico en los hombres; para ello deberán luchar contra el tiempo si pretenden mantener una eterna juventud cuya lozanía y buen humor garantice el buen vivir de los varones. Examinadas permanentemente fuera de casa, y reprochadas dentro por lo que no alcanzan a hacer «como en otros tiempos», las mujeres transitan un espacio indefinido, lleno de contradicciones y sobrecargas. Están a mitad del río. Aún no hacen pie en la orilla de enfrente y ya dejaron de hacerlo en la que abandonaron. Momento crítico de desazón y angustia que no es facilitado por la mayoría de los varones que temen compartir el poder de la libertad. Más crítico ahora que en los inicios del cambio, cuando muchas mujeres compraron la propuesta engañosa de ser capaces de todo, de ser «la mujer maravillosa» que suma a los roles tradicionales las nuevas adquisiciones sin pestañear y sin fatigarse, lo cual las condena a la sangría o al fracaso. Las mujeres están resentidas porque la independencia sigue siendo para ellas un pecado que merece castigo y del cual aún no pueden zafarse fácilmente.

En síntesis: como podemos vislumbrar si nos animamos a atar cabos, hablar del dinero en la pareja es hablar de algo más que de una gestión administrativa. Es colocarnos como observadores justo en el punto de intersección donde se cruzan las pasiones individuales, los mandatos sociales y las elecciones ético-políticas que cada uno adopta en sus comportamientos. Es explicitar el poder, desmitificar el amor, desnudar ideologías, despertar fantasmas y destapar resentimientos. *Pero es también y fundamentalmente una de las maneras privilegiadas para desen-*

mascarar las múltiples hipocresías en las que estamos atrapados los hombres y las mujeres, privándonos de disfrutar con plenitud –por la inautenticidad que el encubrimiento genera– de un intercambio más libre, más creativo, más enriquecedor y sobre todo más solidario.

2
Tácticas de poder en la pareja a través del dinero

1 EL DINERO... ¿ES UN ARMA?

El diccionario nos da la siguiente definición de la palabra «táctica»: del griego *taktiké*, arte de disponer y emplear las tropas en el campo de batalla. Cada arma tiene su táctica particular. Sinónimo: estrategia. Sentido figurado: medios que se emplean para conseguir un objetivo.

En este texto el uso de la palabra «táctica» es totalmente intencional. Usada por el lenguaje popular, en sentido figurado, refleja con toda nitidez una realidad frecuente en las parejas: que a menudo el espacio de intercambio suele parecerse más a un campo de batalla que a un espacio compartido de solidaridad. El ejercicio del poder que se hace efectivo en la pareja está incluido en un sistema más amplio, que es fundamentalmente jerárquico, y, por lo tanto, no deja otra alternativa que reproducir en el interior de la misma un modelo de funcionamiento caracterizado por un juego complejo entre opresor y oprimido. Una vez instalado dicho modelo, aparecen comportamientos que tienen objetivos muy precisos: el opresor trata de hacer sentir su influencia y el oprimido intenta huir de ella o contrarrestarla. Como veremos más adelante, resulta entonces que la palabra «táctica», en su acepción específica y figurada, expresa cabalmente situaciones concretas que se dan en las parejas a través del dinero y que intentaré explicitar.

¿Acaso no forma parte de estas tácticas la idea, bastante difundida entre mujeres de la generación de nuestras madres, de que es necesario tener dinero para «defenderse»? En un grupo de reflexión, una mujer recordaba el comentario insistente de su madre, que dolida e impotente por una dependencia económica que la llevaba a soportar actitudes avasalladoras de su marido, le repetía una y otra vez: *Hija mía, el dinero es un arma y tú tienes que tener tu propio dinero para poder defenderte.*

Este comentario, surgido de una experiencia dolorosa, está cargado de afectos múltiples. Entre otros, la resignación por lo que ella no pudo, la esperanza por lo que su hija podría modificar (y, al hacerlo, resarcirla de tanta frustación), la reivindicación de la violencia al pretender curar las heridas pasadas con golpes futuros y muchas otras vivencias que, amalgamadas en una trama compleja, se incorporan a la herencia que las madres dejamos a nuestras hijas. Este comentario no es inocuo porque condensa un mandato inconsciente, una orientación para la acción y una concepción de la pareja, del amor y del dinero.

Esta concepción del dinero como arma delimita claramente un campo de batalla. Y en lo que a la pareja se refiere, en ese campo de batalla las partes se sitúan como enemigos potenciales. Esta concepción del dinero como arma no resulta inocua, ni para las mujeres cuyos maridos eran considerados como enemigos, de quienes debían defenderse, ni para las hijas de esas mujeres, cuya pretensión de intercambio afectivo y paritario con los hombres se vio empañada por el temor y la violencia que supone creer que en nuestra cama cobijamos a un enemigo. Si el dinero es vivido simbólicamente como un arma, que debe ser utilizada para defendernos de quien comparte nuestras mayores intimidades y conoce nuestras flaquezas, resultará difícil acceder a él sin conflicto. De la misma manera, resulta a menudo difícil disponer y disfrutar del dinero recibido en herencia porque la herencia en sí misma supone una muerte previa (y –entre otras cosas– fantasías persecutorias asociadas a dicha muerte).

Cuando nos preguntamos por el origen de la concepción del dinero como un arma debemos remitirnos al contexto en que dicha concepción fue gestada. Y al hacerlo probablemente nos encontraremos con que dicho contexto incluye fenómenos de identificación por los cuales los individuos tienden a reproducir activamente las experiencias que sufren pasivamente.[1] En este

---

1. Un ejemplo prototípico de esto lo encontramos en las llamadas «identificaciones con el agresor» a través de las cuales, por ejemplo, los prisioneros de campos de concen-

sentido, tal vez debamos entender que aquellas mujeres que han llegado a concebir el dinero como un arma, en una situación de opresión, no han hecho más que reproducir el discurso del opresor.[2] Es decir, esas mujeres aprendieron de sus propios maridos que el dinero podía ser utilizado como un arma para imponer la autoridad por la fuerza (como se desprende de la utilización de cualquier arma). Y cuando la autoridad se impone por la fuerza se instala la violencia. La violencia de quien impone y la violencia de quien se defiende.[3] En lo que al dinero en la pareja se refiere, esta violencia suele adoptar matices muy diversos y, en ocasiones, viste disfraces tan bien logrados que termina incorporándose a nuestra vida cotidiana con la naturalidad de lo que no se cuestiona. Un ejemplo de esta violencia instalada, que por cotidiana resulta «natural» y por lo tanto incuestionada, lo encontramos en las diversas modalidades de control que a menudo ejercen aquellos/aquellas que van dando «a pequeñas dosis», tanto a los cónyuges como a los hijos, el dinero que éstos necesitan y del que dependen.

Como en esta oportunidad voy a intentar dilucidar algunas de las tácticas que utilizan el dinero como recurso de poder específico, es probable que el varón aparezca con un protagonismo mayor, dado que, en términos generales, sigue siendo el varón el «administrador natural» del dinero a sus propios ojos y a los ojos de las mujeres.[4] Esto no significa que sitúe a las mujeres como

_____

tración durante la Segunda Guerra Mundial, como ha sido profundamente estudiado por B. Betthelheim, repetían con sus compañeros de infortunio las metodologías empleadas por los carceleros nazis.

2. La reproducción no sólo se debe a fenómenos identificatorios. Debemos tener en cuenta también que la relación entre opresor y oprimido se incluye en un contexto de violencia mutua y esta violencia forma parte de un sistema de ideas y vivencias más amplio (es decir, de una ideología en el sentido de Shilder, que implica tanto la agresión del opresor como la reacción del oprimido).

3. Este tema fue desarrollado en el capítulo que integra el libro *Mujer y Violencia*, Sudamericana, Buenos Aires, 1989.

4. Muchos disentirán con esta afirmación alegando que, «hoy por hoy», las mujeres administran su dinero y han ganado espacios públicos que antes no tenían. Esto es cierto pero parcial. Hay infinidad de ejemplos en la vida cotidiana que ponen en evidencia que aún perdura, a pesar de los cambios, la profunda creencia de que el «administrador natural» es el hombre. Podemos observar que en el tema de las herencias, por ejemplo,

víctimas ni que omita las maneras particulares en que participan de este complejo juego de opresiones. Significa simplemente que, en cuanto al dinero, los hombres resultan ser especialistas mucho más experimentados que las mujeres en su utilización como recurso de poder. Y no sólo porque están más familiarizados, sino también porque canalizan a través del dinero una cantidad de expectativas e intereses que las mujeres preferentemente orientan en otro sentido.[5] Esta afirmación no surge de una reflexión personal, sino del análisis cuidadoso del material que me proporcionaron los grupos de hombres que aceptaron participar de la experiencia de reflexionar sobre el dinero en la pareja. Los hombres me han enseñado mucho acerca de cómo se ejerce el poder y las mujeres acerca de cómo se lo padece o se lo combate por medio de tácticas de contrapoder. Pero, sobre todo, ambos me han enseñado que tratar de llevar adelante una pareja cuyo modelo ha sido concebido sobre la base de una relación jerárquica, en donde la distribución estereotipada de roles convierte a cada miembro en rey absoluto de un feudo (ellos reyes del mundo y ellas reinas del hogar), nos transforma a hombres y mujeres en víctimas y victimarios porque cada uno queda a merced del otro en aquello que desconoce. Es esta concepción de la pareja, sus-

_____

suele darse con frecuencia el hecho sugestivo de que los hijos, sobre todo las hijas, encuentran mayores dificultades para reclamar la herencia materna que la paterna. A menudo, después de la muerte de la madre, suele haber un cierto entendimiento tácito en el resto de la familia por el cual se supone que el padre sigue administrando «naturalmente» los bienes que siempre administró. Bienes que –se suele afirmar– fueron conseguidos con el dinero que él supo ganar. Cuando la herencia es a la inversa, lo habitual es que tanto la madre como los hijos pongan en marcha rápidamente el trámite sucesorio y se considera también «muy natural» que los hijos se hagan cargo del dinero que fue del padre. Más allá de las complejidades que indudablemente tiene este tema, deseo resaltar el hecho de que la dificultad por parte de los hijos para reclamar la herencia materna, así como también del padre supérstite para iniciar el trámite sucesorio (entre otros motivos personales y de la historia familiar), se apoya en el fundamento de que «el dinero es del hombre», y, en consecuencia, no resulta tan natural repartirlo (o reclamarlo) cuando quien sobrevive es el hombre. Una variante frecuente de esta creencia la encontramos en aquellas situaciones en las cuales, al sobrevivir la madre, son los hijos varones quienes asumen la administración de la herencia paterna, concentrando en dicha administración tanto los bienes maternos como los correspondientes a sus hermanas mujeres.

5. Me refiero al ámbito de los afectos, como veremos más adelante en el capítulo relacionado con los paradigmas de poder en las mujeres.

tentada en la separación estricta de los roles y en la afirmación de la jerarquía, la que genera condiciones de opresión mutua. En ella el amor se llega a concebir como lucha, la solidaridad como sobreprotección, la autonomía como un atentado a la unión, el respeto como sumisión, las disidencias como subversión, los intereses personales como desnaturalización del vínculo y la explicitación de los contratos (siempre implícitos) como un «materialismo» que destruye la ilusión de plenitud.

Como señalé anteriormente, es importante recordar que las tácticas de poder en la pareja a través del dinero se perpetúan, porque reproducen un sistema de poder más general instaurado en la sociedad. De esta manera, la utilización de tácticas de poder en el interior de la pareja puede llegar a pasar inadvertida porque aquéllas se mimetizan con el medio. Esa concordancia las transforma en «naturales»; así, cubiertas con el halo de la «naturalidad», quedan fuera de toda reflexión o cuestionamiento. Por eso, para acceder a cualquier pretensión de cambio es necesario, en primer lugar, hacer visible lo invisible, lo cual a menudo nos coloca en la difícil situación de quebrar ciertas armonías ilusorias. Con el propósito de aclarar algunas situaciones cotidianas en las que a menudo estamos inmersos voy a internarme en este campo minado de las tácticas de poder a través del dinero.[6]

2 EL CONTROL NUESTRO DE CADA DÍA.., O LA METODOLOGÍA DEL «GOTEO»

Tal vez las tácticas más claras y fáciles de individualizar

6.   Deseo dejar constancia de una idea original e interesante que, aunque está orientada en un sentido diferente al que aquí se plantea, contribuye a ampliar la indagación sobre la problemática del dinero. Me fue transmitida en una comunicación personal por David Maldavsky quien, desde una perspectiva estrictamente psicoanalítica (e interesado en esclarecer algunos aspectos del paciente psicosomático), plantea que el dinero es encubridor del número. Y el número es la expresión de ritmos o períodos que se encuentran tanto en los estímulos sensoriales como en las pulsiones. Sugiere que cuando las personas no logran articular los ritmos sensoriales y pulsionales se produce un desencuentro que se intenta cubrir con la especulación, que centra su actividad y punto de referencia en el número. A los interesados en el tema remito a la bibliografía especializada.

son aquéllas que utilizan como metodología predominante el *control*.

Cuando hablo de control como táctica de poder me refiero a aquel control que va más allá de las medidas indispensables para mantener la organización económica familiar dentro de un orden que permita la planificación. Me refiero al control monopolizado por un solo miembro quien, gracias a dicho control, detenta prácticamente toda la información acerca de lo que circula en la familia. Se trata de un control excesivo que ejerce quien dispone del dinero, colocando a la otra persona en un lugar de dependencia y demanda. Es un control que no da lugar a las autonomías compartidas y donde el otro –supuestamente un adulto– no tiene más opción que aceptar y perpetuar una postura infantil de reclamación y queja. Reclamación y queja que al cristalizarse envuelven a quien los efectúa con un manto de irresponsabilidad. Me refiero a ese control asfixiante que genera las mejores condiciones para que el controlado descargue sobre el controlador todo el peso de su inercia. Ese control opresor lleva en sí el germen de la evasión y la transgresión. Es el control que encubre su autoritarismo esgrimiendo razones muy intelectuales de «conocimiento, eficiencia y autoridad profesional», como cuando algunos sostienen que controlan el dinero porque «son los que saben». En definitiva, se trata del control que atenta contra la posibilidad de que el otro también sea una persona y anula, sin prisa pero sin pausa, sus aptitudes para desarrollar una autonomía que lo haga sentir digno y, al mismo tiempo, respalde y justifique su adultez.

En lo que a dinero se refiere son muy diversas las maneras de poner en práctica este control del que hablamos. Tal vez una de las más frecuentes es aquella que consiste en hacer efectiva la provisión de dinero por medio de lo que podríamos llamar la *metodología del goteo*. Esta metodología se caracteriza por no dar nunca más dinero que el estrictamente indispensable; por hacerlo efectivo después de que surge la necesidad, evitando todo anticipo que otorgue algún grado de libertad a quien lo requiere; por esperar generalmente la reclamación del otro, cuya demanda reiterada lo coloca siempre en una situación desventajosa; por ser muy sensible a fluctuaciones inesperadas que dependen en gran medida del estado de ánimo de quien otorga o del momento particular que atraviesa la relación. A menudo, este «goteo» se concreta por las mañanas, en la mesita de noche (cuya cercanía con la cama y la noche nos trae reminiscencias de otros contratos) o en el momento de poner la llave en la puerta, cuando el varón, ya casi olvidado del insignificante trámite de dejar dinero, está preparándose para las «grandes cosas de la vida» que para él casi siempre suceden fuera del ámbito doméstico.

También se caracteriza por la irrupción, totalmente inesperada dentro del marco habitual en donde el dinero fluye con dificultad, parsimonia y estancamiento, de una ofrenda extraordinaria que por exclusiva decisión de aquel que dispone, surge en el escenario como un acto de generosidad digna de la mayor admiración. No son pocos los maridos (en aquellos sectores sociales de mayor disponibilidad económica) que haciéndose rogar por el dinero cotidiano hacen gala –inesperadamente– de regalos exhorbitantes (algún electrodoméstico, joya, abrigo de piel, viaje, etc.) decidido por pura arbitrariedad suya, con lo que logran descalificar las quejas de sus mujeres que, ante tanta magnificencia, quedan ante los ojos de los demás –y a los suyos propios– como las «gatas floras»[7] que se quejan de llenas.

La metodología del goteo es un filtro de dinero que permite dejar del lado de quien dispone el derecho a tomar las decisiones, y del otro lado, como única alternativa, la resignación.

Esta técnica del goteo frecuentemente se fundamenta en la convicción de que el otro, muy a menudo la mujer, es un individuo que carece de capacidad organizativa y cuya demanda insaciable obliga a que se le ponga control; al mismo tiempo se la debe proteger, ya que de lo contrario caería víctima de su propia imprevisión, igual que los niños. Esta comparación con los niños no es un invento arbitrario de mi imaginación. Las mujeres y los niños con frecuencia han sido colocados en el mismo grupo: el grupo de los dependientes. Grupo compartido a veces con los viejos y los incapacitados.

La minusvalía se convierte en el fundamento que justifica la

7. Expresión referida a un refrán popular que, tomando como protagonista a una gata voluble, pone de relieve su permanente descontento.

protección. En relación con los niños, cumple el objetivo de preservar un espacio-tiempo que posibilite el desarrollo de posteriores capacidades, que, en el futuro, lo habilitarán como adulto capaz e independiente. En el caso de las mujeres, esta protección resulta contraproducente y genera el fenómeno opuesto: cuando una persona adulta no ha podido desarrollar sus capacidades de independencia, dicha protección cumple la función de obstruir cualquier capacitación en ese sentido. Si de niños se trata, debemos pensar que el método del goteo sólo es pertinente y eficiente con aquellos niños cuya edad aún no los capacita para los cálculos elementales de suma y resta, o para aquellos otros con serias deficiencias madurativas cuyo deterioro imposibilita un contacto adecuado con la realidad. Resulta sorprendente comprobar una marcada tendencia de los padres a proveer a sus hijos de dinero según esta metodología del goteo, aun cuando se trate de niños de edad de sumar y restar y sin ningún deterioro madurativo.

Evidentemente se trata de una manera de ejercer un poder, que se manifiesta indirectamente al generar las condiciones para coartar el desarrollo de su autonomía y limitar la adquisición de criterios propios y el desarrollo de capacidades organizativas. Viene a relación aquel conocido relato en que un niño hambriento junto a un río pide a su padre que le pesque un pez con que satisfacer su hambre. El padre, en lugar de acceder a su petición, le enseña a servirse de la caña de pescar abriendo así una puerta más a su independencia. Pero no todos los mayores desean la autonomía de sus hijos. Tampoco todos los hombres desean la de las mujeres, de la misma manera que no todas las mujeres han llegado a tomar conciencia de que sólo transitando el camino de la autonomía es posible llegar a ser personas.

La *metodología del goteo* contribuye a perpetuar un juego mutuo de poder y dependencia. Juego que se repite día a día y que aparece en diálogos tan frecuentes como el que sigue:

–Querido, ¿me das dinero?
–¿Otra vez? ¡Pero si te di ayer!
–Es que no alcanzó.
–¿En qué lo gastaste?

La repetición de este diálogo es de por sí sintomática. **Diáfano y encubridor a la vez, pone en evidencia con claridad sospechosa un aprisionamiento mutuo.** Una mujer que acepta el «gota a gota» y un hombre que tolera la reclamación «día a día». Ambos hartos. Ambos emperrados en la repetición de su rol. Ambos perpetuando la ineficiencia de un gasto de energías que podrían tener mejor destino. Este diálogo muestra a dos personas atrapadas en un forcejeo mutuo que los encuentra al día siguiente en el mismo lugar que el anterior. No adelantaron nada. No cambiaron nada. Simplemente repitieron, haciendo del futuro una copia del pasado. ¡Extraña manera de frenar el tiempo..., pero no las arrugas! El futuro los encontrará viejos pero iguales, habiendo recorrido un trayecto de mutua opresión.

¿Qué encubre tanta claridad? Tal vez más de lo que podamos desentrañar aquí. Sin embargo, si intentáramos hacerlo podríamos esbozar tres aproximaciones que descubren, en distintos niveles de profundidad, diferentes aspectos de la compleja dinámica contenida en este diálogo. En primer lugar, lo menos que podemos decir es que este diálogo reedita aquellas situaciones infantiles en donde uno era muy grande y el otro era muy pequeño... Y la distancia entre ambos, enorme. Una distancia marcada por la edad, por la dependencia irremediable del más pequeño y por la jerarquía adscrita al rol del más grande que lo convertía en autoridad indiscutida e incuestionable. Reedita aquellas situaciones infantiles donde el pequeño pedía y el grande otorgaba (o no); donde el pequeño reclamaba y el grande se hacía rogar; donde el pequeño irritaba y el grande se exasperaba. Reedita un diálogo desigual. Desigual en tamaño, desigual en recursos y desigual en poder. *Es un diálogo que fundamentalmente reedita la desigualdad de la dependencia.**

---

* Insisto en recordar que la independencia económica no es garantía de autonomía. Y aunque resulte reiterativo, considero conveniente reproducir aquí la definición y diferenciación que de ellas hice en un libro anterior: defino la independencia económica como la disponibilidad de recursos económicos propios. Defino la autonomía como la posibilidad de utilizar esos recursos pudiendo tomar decisiones con criterio propio y hacer elecciones que incluyan una evaluación de las alternativas posibles y de las otras personas implicadas. Desde esta perspectiva, la autonomía no es «hacer lo que uno/a quiera» prescindiendo del entorno, sino *elegir* una alternativa incluyendo el entorno. La independencia económica es condición necesaria pero no suficiente para la autonomía.

Una segunda aproximación nos lleva a ahondar en esto de la jerarquía, es decir, en lo que supone concebir las diferencias (cualesquiera que ellas sean) desde la óptica de la superioridad. En otras palabras, a pensar que las diferencias entre niños y adultos, mujeres y hombres, negros y blancos, pobres y ricos son diferencias jerarquizadas que definen a unos como inferiores y a otros como superiores. Diferencias que se institucionalizan al decretar la dependencia de los primeros y el poder de los segundos como una consecuencia supuestamente «natural» de los lugares en que se sitúan por edad, género, raza o posición económica. Esta concepción jerárquica está implícita en el diálogo que contiene la cotidiana petición de dinero, porque uno de ellos se arroga el derecho de decidir por los dos al disponer de los recursos que pertenecen a ambos.

Y finalmente, como en una película que anticipara las escenas finales, podemos suponer (y comprobar en nuestra realidad circundante) algunas de las consecuencias derivadas de instaurar y perpetuar una relación marcada por el poder no compartido. Mientras algunos hombres se arrogan el espacio de poder (y quedan prisioneros de la responsabilidad de proteger en nombre del poder que detentan), las mujeres de esos hombres, instaladas en la aceptación de la dependencia, usufructúan la comodidad que deriva del ser protegidas. Pero como no hay nada perfecto y todo tiene su costo, los hombres y las mujeres sangran por sus heridas en la repetición de un diálogo que encubre ilusorias pretensiones mutuas. Ellos, la de ejercer un poder que no sea cuestionado ni genere resistencias, ni malestar, ni hostilidad en aquellas sobre quienes se ejerce. Y ellas la de usufructuar una posición infantil que no vea afectada ni deteriorada su movilidad y autonomía. Difícil pretensión que envuelve a ambos en un modelo de relación autoritaria que irremediablemente conduce y genera hostilidad.

En síntesis, podemos decir que este diálogo reedita una situación infantil y perpetúa una diferencia jerárquica cuyo mantenimiento (sostenido por ambas partes) se convierte en un búmeran que recarga al «poderoso» y empobrece al «protegido». Este diálogo es otra expresión de la metodología del goteo, que tan bien expresa la voluntad de poder a través del control.

El éxito de esta metodología del goteo no es mérito exclusivo del afán de poder de los varones. Tampoco lo es de la comodidad que usufructúan las mujeres y de la cual los hombres se quejan a menudo con sobrada razón. Si bien es cierto que en esto de ceder espacios y dejarse controlar, frecuentemente la comodidad desempeña un papel importante, resulta ingenuo —y por demás esquemático— explicar exclusivamente basándose en la comodidad esta llamativa obsesión de las mujeres por mantener posiciones infantiles que contribuyen a su propio control. No sin sorpresa he comprobado, al abordar el análisis de las reflexiones de mujeres en relación a estos temas, que esta comodidad no es tan transparente como parece y oculta un profundo *miedo al protagonismo*. Un protagonismo que supone la exhibición distinta a la que están acostumbradas y condicionadas las mujeres, que exige exponer las ideas en lugar del cuerpo, que las sitúa en un lugar social que es exterior al ámbito doméstico y no está basado en el intercambio afectivo. Un protagonismo, en fin, que las pone en situación de afrontar disidencias, diferencias y desamores, y *supone fundamentalmente dejar de exhibirse como objeto para pasar a exhibirse como sujeto,* y esto entraña una cantidad de temores profundamente arraigados, de los cuales a menudo algunas mujeres se defienden llevando como *chador* [8] una comodidad institucionalmente aceptada y promovida. Este es un tema del cual nos ocuparemos con mayor detalle en el capítulo dedicado a los presupuestos.

3 LAS TARJETAS DE CRÉDITO

Las tarjetas de crédito se han transformado, con el correr de los años, en instrumentos complejos, que utilizan de manera muy diversa tanto sus poseedores como el sistema económico que se sirve de ellas. No se me escapa que el tema de las tarjetas de crédito puede ser abordado desde ángulos muy diversos. Pero no voy a ocuparme aquí de la concepción económica que las hace posible, ni de su influencia en el mercado, ni de las actitudes

8. Hábito con que las mujeres musulmanas cubren su rostro.

grupales especulativas, ni de su utilización como indicadores de prestigio. Me ocuparé de un aspecto muy específico, pues, en la medida en que las tarjetas de crédito implican la posibilidad de disponer de cantidades apreciables de dinero, se convierten en instrumentos de poder y pueden ser utilizadas como tales.

Las tarjetas de crédito reemplazan al dinero y ofrecen a quienes las utilizan la ventaja de no correr los riesgos de llevarlo en efectivo. Ofrecen también la posibilidad de satisfacer aquellas necesidades que no habían sido previstas con anticipación. Y aún más, la de obtener en forma inmediata lo que se pagará después. Podemos decir, en términos generales, que satisfacen una cantidad de aspiraciones que, de no mediar la tarjeta, habría que posponer hasta contar efectivamente con el dinero. La satisfacción inmediata de las aspiraciones genera una ilusión de disponibilidad que evita las frecuentes frustraciones que la realidad suele imponernos con sus límites. La tarjeta de crédito, que abre de inmediato las puertas de nuestros deseos (como lo subraya la publicidad televisiva), favorece una sensación de libertad y autonomía que muy a menudo está lejos de ser real. Es justamente a esta situación a la que habré de referirme. Y dentro de ella a la que se da frecuentemente en aquellas personas que utilizan como tarjeta de crédito una «extensión» cuya titularidad detenta otro. En otras palabras, la posesión de una tarjeta de crédito no supone necesariamente que quien la posee –y utiliza– sea su titular. El titular es aquél que la solicitó, a quien le fue adjudicada previa aceptación de las garantías económicas que lo acreditan como «solvente». Es el responsable del mantenimiento administrativo de la misma y de los gastos que con ella se hubieran realizado. Es también el que dispone de un resumen detallado de los movimientos. *En síntesis, es el que tiene, puede y sabe.*

La capacidad adquisitiva de las tarjetas de crédito fue ampliada cuando se creó otra categoría por la cual, mediante una «extensión» (o adicional), se hace «extensivo» el uso de la misma a familiares directos del titular. En esta categoría encontramos a los hijos que son suficientemente mayores para gastar, pero demasiado pequeños para presentar garantías económicas; a algunos padres mayores de cuyas cuentas se hacen cargo los hijos adultos; y también a muchas mujeres que no pueden justificar recursos propios o prefieren evitar algunas incomodidades administrativas. Es bastante frecuente encontrar en la categoría «adicional» a más mujeres que hombres.

Ahora bien, la disponibilidad económica que favorece la tarjeta de crédito se verá acompañada por una mayor o menor autonomía según la categoría del que utiliza dicha tarjeta. El titular no debe rendir cuentas más que a sí mismo y, por supuesto, hacerse responsable de los gastos efectuados. En cambio, quien utiliza la «extensión» no puede evitar tener que rendir cuentas al titular, si éste lo exige cuando tiene conocimiento de los gastos realizados. Se establece –guste o no guste– una de las condiciones de la dependencia. Es decir, hay uno que necesita de la aprobación de otro para determinada actuación. *Y donde se instala la dependencia se restringe la autonomía.* Pero no sólo se restringe la autonomía del dependiente sino que, además, están dadas las condiciones para que aquel que ocupa el lugar del poder tenga oportunidad de ejercerlo a su arbitrio. Y aquí nos encontramos de lleno en el centro mismo de nuestro interés respecto de las tácticas de poder en la pareja. En otras palabras, las tarjetas de crédito –que condensan el poder que deriva del dinero– suelen ser instrumentadas de muy diversas maneras para ejercer poder. Y de eso dan cuenta muchas de las discusiones y controversias que suelen entablar las parejas alrededor de dichas tarjetas. Sabemos que la violencia genera contraviolencia, como el poder genera contrapoder. Y en lo que a las tarjetas de crédito se refiere –en relación a la pareja– suelen ser usadas tanto para ejercer el poder como el contrapoder. Veamos algunos ejemplos.

«Ayer se armó un lío terrible en casa porque a mi marido le llegó la cuenta de la tarjeta. ¡Puso el grito en el cielo! Y terminamos como siempre, peleando.»

«Mi marido no me pone ninguna dificultad para que use la tarjeta, pero eso sí, todo lo tengo que comprar con la tarjeta.»

«Mi ex-marido no me daba nunca dinero en efectivo. Quería que yo usara la tarjeta porque sostenía que de esa manera llevaba una mejor administración. Y yo siempre usé la extensión de la suya. Ahora que me he separado, me he quedado sin tarjeta, sin dinero y sin la posibilidad de tramitar una a mi nombre porque las entradas de dinero que tengo no resultan garantía suficiente,

39

como tampoco los bienes que quedaron a mi nombre y que antes compartíamos.»

«Mi marido es muy tacaño y eso me da tanta rabia que la única alternativa que encuentro es "reventarle" la tarjeta.»

«En cambio, yo me hago cargo de lo que gasto y cuando viene la cuenta le doy a mi marido el importe de mis compras... Pero él no deja de preguntarme... y termina enterándose de todo.»

A partir de estos comentarios deseo plantear algunas reflexiones que no pretenden, ni con mucho, agotar el análisis de este complejo tema de las tarjetas de crédito. Sólo son esbozos que intentan abrir algunas brechas que estimulen la profundización del mismo.

a) En primer lugar, estos comentarios dan cuenta de un modelo particular de relación en las parejas por el cual, a través del dinero, o sus equivalentes –la tarjeta– se perpetúa una modalidad de control y dependencia. Control que recae fundamentalmente sobre las mujeres a través del registro cuidadoso de su movilidad y, con ello, la limitación de su autonomía. Todos sabemos –hombres y mujeres– que no conviene pagar con la tarjeta aquello de lo cual no queremos dejar constancia, a menos que contemos con la impunidad que otorga ser el único testigo del resumen de cuentas. En consecuencia, aquel que dispone para sus gastos sólo de la tarjeta que otro controla (como el caso de mujeres que no cuentan con dinero en efectivo) verá seriamente restringidas sus posibilidades de decisión.

b) También debemos reflexionar sobre aquellos casos en que las mujeres pretenden «reventarle» la tarjeta a sus maridos. Bien sabemos que estas actitudes, como ya he señalado en otras oportunidades, tiene poco que ver con comportamientos autónomos y, en cambio, mucho con actitudes reactivas[9] que confirman el sometimiento que subyace a las mismas. A menudo los hombres se quejan, con razón, del «abuso» que suelen hacer sus mujeres en el uso de la tarjeta. Este «abuso» no sólo expresa una

9. En términos psicológicos se denominan conductas reactivas aquellas que encubren un comportamiento totalmente opuesto a lo que evidencian. A menudo estas actitudes no son conscientes.

actitud reactiva por un sometimiento difícil de modificar sino también la participación –a menudo no consciente– en perpetuar una distribución del dinero que delega en el hombre tanto la responsabilidad de su administración como el ejercicio de un poder unilateral. Resulta llamativo que aun cuando los hombres se quejan reiteradamente de esa modalidad «abusiva» de sus mujeres, no están dispuestos a hacer una redistribución del dinero que coloque a dichas mujeres en una posición de disponibilidad económica. Lo cierto es que esa modalidad «abusiva» encuentra apoyo en una distribución unilateral del dinero que incentiva la creencia de que dicho abuso sólo afecta a una propiedad «ajena» (la del marido).

c)   A poco que nos detengamos a pensar en el reducido porcentaje de mujeres que optan por la titularidad de la tarjeta se nos presentan algunas reflexiones e inquietudes. En primer lugar, es posible comprobar que si bien al optar por la extensión (o tarjeta adicional) las mujeres evitan las incomodidades habituales de toda tramitación, pierden con ello también una oportunidad de tomar contacto con algunos aspectos de su patrimonio y conocer, por ejemplo, el grado real de solvencia económica de la familia. En otras palabras, al evitar los trámites las mujeres escatiman una oportunidad de comprobar que a menudo tienen poco acceso –o ninguno– a dicha solvencia económica en la que creen apoyar la tranquilidad de sus vidas. En situaciones críticas como, por ejemplo, separación, divorcio o viudez suelen descubrir que la misma era sólo una cuestión nominal. En segundo lugar, resultaría interesante indagar si las mujeres que detentan la titularidad de tarjetas (20% o 28%) la obtuvieron estando casadas, como opción preferencial a la extensión del marido, o si la tramitaron una vez separadas y frente a la alternativa de no poder seguir usando la extensión del ex-marido. Si lo que prevaleciera fuera el último caso habría que pensar que dicha titularidad responde más a una opción impuesta por las circunstancias que adquirida por una voluntad de autonomía. Queda como interrogante averiguar si, en la eventualidad de volver a formar pareja, dichas mujeres volverían a las antiguas situaciones de dependencia.

Y, para concluir esta acotada aproximación, desearía subrayar muy especialmente que es un error (además de una conclusión superficial) caer en el entusiasmo ilusorio de creer que las dificultades de autonomía de las mujeres se solucionan automáticamente con acceder a la titularidad de una tarjeta de crédito. Este acceso es sólo un paso que pone a las mujeres en condiciones de tomar contacto con ciertas situaciones concretas del manejo del dinero que, de otra manera son delegadas en los varones, como la evaluación de las verdaderas posibilidades económicas, el asumir como propia la tarea de autoimponerse límites en concordancia con dichas posibilidades, la toma de conciencia del patrimonio (nominal o real), etc. En definitiva se trata –nada más y nada menos– que de dejar de funcionar como niñas que delegan en «maridos-padres» ciertas funciones de contacto con la realidad.

En síntesis, estamos en condiciones de decir que las tarjetas de crédito favorecen una disponibilidad que, en el caso de las mujeres, suele estar lejos de expresar una autonomía real. Desde esta perspectiva me atrevería a plantear lo siguiente: cuando las mujeres hacen uso y/o abuso de las tarjetas de crédito cuya titularidad corresponde al marido, están bajo una situación de dependencia cuya aparente autonomía sólo satisface fantasías ilusorias.

4   MISCELÁNEA DE TÁCTICAS SUTILES

Desearía concluir este capítulo (consciente de que el tema tiene mayores implicaciones) con la presentación de algunas situaciones cuya difícil aprehensión las hace mucho más complejas e insidiosas. En las parejas, el uso del dinero provoca situaciones que son difíciles de agrupar por el amplio espectro que cubren. Sin embargo, por encima de sus variados matices, es posible detectar que por uno u otro camino son promotoras de condiciones de dependencia. Y hablar de dependencia económica implica referirse al mismo tiempo e indisolublemente a la voluntad de poder (consciente o no) de aquel que promueve en otro dicha dependencia. Cuando nos volvemos permeables a nuestro entorno solemos descubrir con sorpresa una gama muy amplia de tácticas de poder, tácticas sutiles que a menudo pasan

42

inadvertidas pero dejan, sin embargo, una estela de malestar. Veamos algunos ejemplos.

«A los 24 años abrí mi primera cuenta en un banco porque había fundado una pequeña empresa de servicios. Me empezó a ir muy bien y ganaba dinero. Luego conocí al que sería mi marido y un día me dijo: "Tengo una cuenta en un banco del centro y necesitaría otra en otro banco. Por qué no me das tu talonario... Total.... para los cheques que haces". Y le cedí el talonario, después la cuenta y finalmente la empresa. Hoy no tengo ni talonario, ni cuenta, ni empresa y aunque mi marido gana lo suficiente para que podamos vivir con comodidad y no pone inconvenientes en que yo me de ciertos gustos, siento que he perdido un espacio de independencia que era lo que significaba disponer de talonario, cuenta y trabajo. Creo que fui cediendo espacios por miedo a no saber, por no querer correr riesgos y no hacer el aprendizaje que necesitaba para manejar aquello que no sabía.»

Otra mujer, bastante confundida por la sólida coherencia que ostentaba el razonamiento de su esposo, hacía referencia a un reiterado comentario de éste que le producía malestar, aunque no podía dilucidar dónde estaba el motivo que la afectaba. Era el siguiente: «Dime querida, ¿para qué te vas a tomar el trabajo de perfeccionar tus conocimientos, de luchar para abrirte camino en tu profesión y afrontar una competencia infernal si te lleva un mes ganar lo que yo soy capaz de ganar en una sola hora? ¿No te resulta más satisfactorio dedicar esas energías a disfrutar con nuestros hijos?»

Estos son sólo dos ejemplos, entre muchos otros posibles que, bajo un manto de generosa protección, subrayan la acción descalificadora y de desánimo llevada a cabo por los maridos respecto de la actividad de sus mujeres.

Otras, entusiasmadas con la idea de asumir la administración económica que hasta ese momento habían delegado, comenzaron a opinar y a actuar en lo referente al dinero. Muchas de ellas encontraron en sus maridos reacciones similares. Algunos en broma (pero no tanto) y otros ofendidos solían decirles: «¿Así que ahora vas a controlar lo que yo hago con el dinero? Bueno, ocúpate. Pero ocúpate en serio y de TODO. ¡Vamos a ver como lo haces!»

Curiosa aceptación que, adoptando la forma de «dar permiso», se transforma en una imposición forzosa que encubre una amenaza. Las descalificaciones y amenazas subyacentes en estos comentarios no son los mejores ingredientes para contribuir a desarrrollar la autonomía de quien pretende modificar modalidades tradicionales de dependencia. Podemos afirmar, sin que ello suponga una gran agudeza, que la descalificación tiende a incrementar la desconfianza y las dudas en la propia solvencia. Si además de descalificar procedemos a proteger, confirmamos la incapacidad de aquel a quien descalificamos al mismo tiempo que decretamos su invalidez. De esta manera, la descalificación unida a la sobreprotección se convierte en una fórmula sofisticada para concretar con éxito nuestro poder sobre otro.

También es posible observar que, cuando el deseo de participación activa en la economía por parte de las mujeres se transforma en una obligación forzada («Ahora te vas a ocupar de TODO»), se neutraliza el placer buscado en dicha participación. Al mismo tiempo, se impone una responsabilidad que sobrepasa en mucho las posibilidades reales de quienes se «animan a empezar». Es como exigir a alguien que comienza el aprendizaje de un idioma, que sepa leer con soltura libros de refinada sintaxis. Si además de transformar en obligación lo que empezó como deseo, se le agrega una amenaza velada («Veremos lo que eres capaz de hacer») se crean condiciones de temor suficientes como para que esas audaces que pretenden cambiar se pongan a pensar seriamente si vale la pena el esfuerzo por aprender y correr el riesgo de ser castigadas por su falta de experiencia. La descalificación, la sobreprotección, la imposición y la amenaza se convierten en estos casos en instrumentos sutiles de poder que, empleados con tesón, consolidan las tácticas de poder más refinadas. Dejo abierta la inquietud para que hagamos el intento de pensar en las múltiples maneras que a menudo, de manera sutil y no siempre consciente, contribuimos a obturar algunas pretensiones de desarrollo autónomo. Invito a los/as lectores/as que hayan podido tolerar y superar el impacto del tema a agregar a este capítulo ejemplos de su propia cosecha.

3
El dinero que las mujeres esconden

1 UNA AUTONOMÍA NO LEGITIMADA

Es posible comprobar que gran cantidad de mujeres tiene una marcada tendencia a esconder dinero. Esto es algo de lo que casi nadie habla, pero que todos conocen: las mujeres porque lo esconden y los hombres porque cuentan con que lo escondan.

Ese dinero que esconden no siempre es para defenderse de un marido tacaño o muy controlador. Es más frecuente de lo que creemos describir que las mujeres siguen escondiendo dinero aun cuando sus maridos son permisivos e incluso alentadores en el gasto de dinero. Yo me referiré justamente a estos casos de mujeres que, sin ninguna necesidad aparente de defenderse de un entorno hostil, perpetúan, sin embargo, la «tradición» de esconder dinero para ellas. Cada mujer, según su estilo, esconde a su manera. Algunas ponen en «otro lugar» de la cartera el dinero que consideran «propio», ya sea porque lo ganaron o porque es el que se asignaron dentro del presupuesto general. Otras necesitan reafirmar la vivencia de sentir «Este dinero es mío» con cantidades bien separadas en alguna parte recóndita del armario. Otras, que integran matrimonios bien avenidos en los que predomina la confianza y donde no existen los tajantes roles tradicionales, comentan, por ejemplo, lo siguiente: «Yo soy la que tiene la llave de la caja fuerte donde está el dinero común y aunque soy yo la que tiene la llave, cuando saco dinero aviso a mi marido o me las arreglo para terminar pidiéndole permiso. Si él tuviera que sacar, lo haría sin darme explicaciones, de la misma manera que no me las pide a mí, seguro de estar haciendo lo apropiado».

Ante estos comentarios no podemos menos que preguntarnos:

1. ¿Cuál es el dinero que esconden las mujeres?
2. ¿Por qué las mujeres necesitan separar dinero para sentirlo como propio?
3. ¿A quién le piden permiso?
4. ¿Qué significa el hecho de separar y esconder dinero?

Ante todo recordemos que el dinero que esconden las mujeres es el dinero insignificante, la calderilla, el que puede pasar inadvertido porque apenas es un porcentaje reducido dentro del presupuesto general. Necesitan «separarlo» para sentirlo como propio porque perciben que el dinero no les pertenece, aun cuando sean ellas quienes lo generen. Tienen que pedir permiso (a veces de manera directa y otras encubierta) aunque nadie se lo exija porque viven como ilegítimo el hecho de tener disponibilidad económica. Ese dinero que a veces juntan poco a poco representa la posibilidad de lograr disponibilidad económica. La disponibilidad es el primer paso para la autonomía económica. La disponibilidad de dinero ofrece mayores libertades para tomar decisiones sobre dinero. Por eso generalmente las decisiones las toman quienes administran el dinero. Pero esta disponibilidad es vivida frecuentemente por las mujeres casi como un pecado que es necesario ocultar. La disponibilidad económica que posibilita la movilidad y la autonomía es vivida inconscientemente como una actitud transgresora. Podemos afirmar sin riesgo a equivocarnos que el dinero que esconden las mujeres pretende legitimar una disponibilidad y un espacio propios, que son condiciones necesarias para acceder a la autonomía.

Las dificultades para disponer del dinero con autonomía no son patrimonio exclusivo de las mujeres. Algunos hombres también las padecen, pero son los menos, y además dichas dificultades están mucho más asociadas a la historia personal que al fenómeno de sexuación del dinero.[1] Los varones tienen legitimado desde la cultura y desde ellos mismos que el dinero les pertenece e incluso sienten el impulso de generarlo, administrarlo y exhibirlo. Esta legitimación social que en ellos se transforma en

---

1. Concepto desarrollado en el libro *El sexo oculto del dinero,* GEL, Buenos Aires, 1986.

certeza individual, los pone en mejores condiciones para disponer del dinero según criterios autónomos. No necesitan tenerlo separado en la cartera o esconderlo en un rincón del armario porque generalmente son quienes lo administran y cuentan con el permiso «interno» que la sociedad les otorga por el hecho de ser varones. El dinero sobrante de la familia generalmente está en sociedades que ellos controlan o cuentas bancarias cuya titularidad detentan, de la misma manera que a menudo detentan también la titularidad de las tarjetas de crédito que utilizan sus mujeres y a quienes controlan en el momento de tener que pagar los gastos, como hemos visto en el capítulo 2.

Repito entonces que el dinero que esconden las mujeres tiene, entre otros significados, el de una autonomía no legitimada. Es decir, no cuentan con el permiso interno para disponer. Desde un punto de vista psicológico el dinero que las mujeres esconden bien puede ser considerado como una conducta sintomática que expresa la lucha entre el deseo de autonomía y su prohibición. El resultado, como todo síntoma, es una transacción que queda a mitad de camino porque al tener que esconder el dinero se anula parte de la disponibilidad que otorga el tenerlo. Como todo síntoma, también compromete una cantidad de energía psíquica que limita las posibilidades de goce. La posibilidad de autonomía a través del dinero es vivida por muchas mujeres con un contenido claramente transgresor. Así como en el siglo pasado acceder a la sexualidad era (en particular para las mujeres) un comportamiento transgresor, en este siglo, de aparente igualdad entre los sexos, es la autonomía económica –y la movilidad y acceso al poder que ello posibilita– la que condensa la mayor transgresión.

Frente a esta situación no sólo es posible pensar en un cambio sino que dicho cambio constituye un compromiso histórico. El cambio no viene sin esfuerzo. Hay que construirlo. Para acceder a la autonomía económica es imprescindible, como primer paso, legitimarla en el interior de las propias mujeres (ya que afuera, en apariencia, ya parece a veces estarlo). Y para ello es necesario desentrañar previamente la compleja red de prohibiciones socioculturales que ha sido internalizada, los modelos de identidad –tanto sociales como personales– y los mandatos de la ideología patriarcal que muy explícitamente asignan a la mujer un lugar de dependencia y subordinación.[2] En pocas palabras, se trata de desenmascarar la sexuación del dinero implícita en nuestra cultura.

En síntesis, podemos decir que el dinero que esconden las mujeres refleja un conflicto y denuncia que hay un trabajo por hacer: el de luchar por un espacio propio, conquistar la autonomía y poder mostrala al mundo para construir junto con los hombres una relación distinta, una relación entre dos sujetos, que intercambian sus diferencias y gozan con ellas, sin diluirse uno en el otro y sin esconderse uno detrás del otro. *Sin la autonomía de las mujeres tampoco es posible la libertad de los hombres, porque con la falta de autonomía en ellas, ambos quedan aprisionados en una red de dependencias mutuas.*

2   EL KNIPALE TIENE CARA DE MUJER...
O LA LEGITIMACIÓN DE UNA AUTONOMÍA BAJO CONTROL

El *knipale* es una palabra yiddish[3] que utilizaban los judíos de la diáspora para referirse a un «atadito» de dinero que tradicionalmente escondían las mujeres.[4] *Knipale* proviene de *Knip*, que quiere decir «nudo». Y el sentido histórico es que las mujeres judías usaban el tradicional pañuelo con que se cubrían el pelo (costumbre que fue perdiéndose en América después de la Segunda Guerra Mundial) para esconder en él algún pequeño dinero que aseguraban haciendo un nudo con las puntas del pañuelo. Es

2.   Para esclarecer el concepto de «ideología patriarcal» sugiero recurrir a la bibliografía especializada: Ernest Borneman, Simone de Beauvoir, Juliet Mitchell, Judith Astelarra y Victoria Sau entre otros.

3.   Lengua derivada del alemán que habla una gran parte de los judíos provenientes de Europa.

4.   En España la palabra «sisar» cuenta, entre sus acepciones, la que hace referencia al dinero que se esconde «bajo la sisa» en sentido real y figurado. El diccionario dice: «Dinero con el que se quedan algunos criados al hacer las compras». Al respecto considero interesante rescatar el comentario de un hombre que participó en una conferencia dada por mí en la Fundación Pablo Iglesias en Madrid (octubre 1988). Decía: «Los hombres también "sisan" cuando le esconden a sus mujeres el dinero de las horas extras que trabajan, que es el que escapa a la contabilidad oficial del "sobre del mes"».

el «atadito» que guardaban cuidadosamente en algún lugar de la casa y que sólo ellas conocían. Los tiempos fueron pasando y las mujeres judías ya no usan pañuelo en la cabeza ni están encerradas en su casa, pero el *knipale* sigue existiendo. Existe con otro atuendo, un atuendo moderno adaptado a las circunstancias actuales. Está en el «plazo fijo» de cuya existencia sólo saben las mujeres. Está en algún rincón del armario o en otro espacio de la cartera.

El *knipale* es algo que debe mantenerse fuera de la vista del marido. El destino «legítimamente aceptado» del *knipale* es que sirva como reaseguro familiar para algún momento muy crítico. Algunos judíos comentan que el *knipale* fue de mucha utilidad para contrarrestar algunas consecuencias de los vandálicos progroms rusos o del genocidio hitleriano. Sin llegar a esos extremos, en la vida cotidiana actual suele servir para «socorrer» a los maridos cuando éstos deben cubrir alguna deuda que asumieron y a la cual no pueden hacer frente. Parece que hay un consenso tácito entre marido y mujer por el cual si él llegara a necesitar dinero la mujer se siente con el deber de socorrerlo ofreciéndole su *knipale*. El *knipale* es, en resumen, el dinero con que cuentan las mujeres y sobre el cual no tienen que rendir cuentas. Como dijo una mujer al reflexionar sobre el tema: «Si yo quiero comprarle un regalo a mi marido no voy a ir a decirle: "Querido, dame dinero que te quiero hacer un regalo." Yo dispongo de mis pequeños ahorros y me doy el gusto de hacerle el regalo que quiero.»

El *knipale* nunca es demasiado grande. Y hay varios motivos para ello. Tradicionalmente eran exclusivamente los hombres quienes aportaban dinero al hogar. Y por lo tanto existía un control absoluto por parte de la única fuente que proveía el dinero. De manera que lo que podía distraerse de esa aportación eran pequeñas cantidades y en forma paulatina para que pudieran pasar inadvertidas.

Otro motivo (sobre el cual volveremos más adelante y que a mi entender es lo más singular de esta costumbre) es que el *knipale*, si bien está institucionalizado dentro de la tradición porque hasta tiene una palabra que lo conceptualiza y le otorga existencia real, es sin embargo la evidencia de algo que «debe mantenerse oculto». Y en consecuencia resulta muy difícil «blanquear» un capital supuestamente no registrado. Es un dinero que todos saben que existe, pero al mismo tiempo se ignora su cuantía y lugar de asiento.

Un tercer motivo de la pequeñez del *knipale* lo encontramos en el criterio nunca explicitado, pero que la mayoría conoce y acata, acerca de que «más allá de determinada cantidad deja de ser *knipale*» y por lo tanto deja de pertenecer al patrimonio femenino. Así lo expresó inequívocamente un hombre. Decía «Si ella tiene el equivalente de 100 dólares es *knipale*, pero si tiene el de 1000 dólares ya deja de ser *knipale*». Por supuesto que este concepto se basa en un criterio masculino, y por supuesto, también, que la pequeñez y limitación del *knipale* tampoco puede compararse con el dinero que habitualmente disponen los varones y con el que satisfacen «sus vicios»,[5] como dicen sus mujeres.

El *knipale* no es el mismo para los hombres que para las mujeres. Si bien es cierto que hombres y mujeres conocen y avalan la existencia del *knipale*, cada uno lo justifica de diferente manera. Los hombres más tradicionales lo consideran como un reaseguro de la economía familiar. Es decir, dan por descontado que ese «atadito» cumple la función de una reserva para cubrir los déficit económicos en momento de crisis. Y estos hombres encuentran por lo demás «natural» que sean las mujeres quienes se tomen el trabajo de ir separándolo y escondiéndolo cuidadosamente, sin gastarlo. Es una tarea de administración y previsión que nadie paga, aprovechando cierta modalidad «conservadora» que con frecuencia podemos encontrar en las mujeres. Los maridos más progresistas justifican el *knipale* como un modo de que ellas dispongan de dinero «para sus cositas». Esto ofrece a los hombres ciertas ventajas. Una de ellas es la de no ser «atosigados» con tanta frecuencia por las necesidades consideradas secundarias de sus mujeres. Y la otra –que a mi juicio es la más importante– es el hecho de que por tener un *knipale* las mujeres se distraen con ese dinero «pequeño» y no molestan demasiado

---

5.   Es una expresión popular con que se suele hacer referencia a las relaciones extramatrimoniales toleradas, aunque a disgusto, por las propias esposas.

pretendiendo enterarse o compartir el «dinero grande». Viene a ser algo así com el pequeño gusto que los mayores dan a los pequeños para dejarlos contentos de modo que no pidan más. Para estos maridos con aires progresistas el *knipale* que toleran de buena gana es algo así como una «coima».[6] Es decir, es dinero que transgrede la ley con el fin de usufructuar de un beneficio mayor. La coima siempre es infinitamente menor que el beneficio que encubre. Los maridos progresistas que aprueban que sus mujeres tengan un *knipale* para «sus cositas» son obviamente un poco más generosos que los tradicionales, ya que toleran una cierta apertura de los deseos de movilidad económica de sus mujeres. Pero en el fondo unos y otros avalan y defienden una distribución económica que relega a la mujer a un lugar de limitación y subordinación.

En síntesis, los hombres obtienen el beneficio de mantener el control sobre el dinero «grande» y eventualmente contar con el reaseguro del *knipale*. Pero seríamos ingenuos y muy superficiales si dejáramos de plantearnos que aun los beneficios tienen su costo. Y la pregunta que no se hace esperar es: ¿cuál es el precio que pagan los hombres por contribuir a perpetuar el *knipale*? (en lo que de limitado tiene el *knipale*). Uno de los precios que pagan es tener que «cargar» con mujeres dependientes, de la misma manera que se «carga» con un hijo menor, y soportar las modalidades «subterráneas» con que dichas mujeres intentan superar los obstáculos que impone el control masculino del dinero.

Para las mujeres, en cambio, el *knipale* tiene otros significados. Originariamente, y respondiendo a la más rancia tradición judía de que las mujeres deben estar al servicio de Dios y de los hombres, aquéllas separaban moneda a moneda y juntaban un dinero que debía estar al servicio del marido ante la primera situación crítica. En las épocas de hambruna y pobreza, las mujeres (que trabajaban denodadamente para hacer rendir al máximo el dinero aportado por el marido) hacían también malabarismos para que creciera el *knipale*, convirtiéndolo así en una especie de

6.   Con esta palabra (sinónimo de soborno) se designa una práctica, desgraciadamente demasiado extendida en el mundo, por la cual se paga con dinero la «distracción» de algún funcionario para transgredir con impunidad.

51

«caja de ahorros viviente» donde se depositaban las ilusiones de seguridad futura. Eran las que siempre tenían «un poquito más» en algún lugar cuando hacía falta. Con el advenimiento, en este siglo, de mejores condiciones sociales, culturales y económicas (sobre todo después de la Segunda Guerra Mundial) el *knipale* ya no servía para asegurarle el futuro a nadie. Por otra parte, el traslado de las familias judías a América distendió las rígidas tradiciones europeas en cuanto a la limitación de la mujer. A esto se agregó la participación de la mujer en el mercado laboral. En consecuencia, las mujeres ya no estaban encerradas en sus casas. Adquirían cierta movilidad, y la movilidad estimulaba deseos de independencia y autonomía.

Ahora bien, estos deseos de independencia y autonomía no iban parejos con los recursos económicos con que contaban las mujeres ya que la modalidad tradicional de distribución del dinero no había cambiado en absoluto. Los varones seguían siendo los administradores naturales del dinero, aun cuando las mujeres trabajaran a la par que ellos, de la mañana a la noche, en los comercios que habitualmente emprendían una vez instalados en América. El afán y las energías empleadas en el trabajo extradoméstico no eran proporcionales a la disponibilidad de dinero. Esto contribuyó a agudizar el sentimiento de injusticia y, como tantas otras veces en la historia de la humanidad, las mujeres debieron recurrir a mecanismos encubiertos ante la imposibilidad de hacerlo abiertamente. El *knipale*, que ya existía como institución cultural, adquirió otro sentido. Se constituyó en una reserva privada de dinero a través de la cual las mujeres encauzaban sus muy modestas pretensiones de autonomía. El *knipale* se convirtió de esta manera en el recurso para disponer de dinero sin pasar por el control del marido ni depender de su permiso.

Una de las cuestiones llamativas de esta institución del *knipale* es que se trata de un permiso cultural para disponer de dinero «negro». Es el permiso que da el varón (que es considerado como el legítimo administrador del dinero) para «hacer uso» de una cantidad limitada. Esta limitación cumple la función de un control sobre la movilidad de las mujeres. Concretamente, un control sobre su autonomía. Pero al mismo tiempo, por estar permitido y hasta fomentado, se convierte también en la válvula de escape que evita explosiones. Desde esta perspectiva podríamos decir que el *knipale* es uno de los mecanismos más refinados para frenar un cambio real hacia la autonomía económica de las mujeres. La autonomía real se sustenta sobre la base de poder tomar decisiones y hacer elecciones sobre todo el dinero disponible y no exclusivamente sobre el «dinero pequeño». El *knipale* resulta ser una miniautonomía engañosa porque, además de ser «pequeño», es un dinero «negro», cuyo blanqueo también atrapa a las mujeres en justificaciones.

Frente al desarrollo de este planteamiento algunas mujeres podrían plantearse si finalmente «está bien» o «está mal» tener un *knipale*. A la luz de las investigaciones sobre la función y el significado del *knipale*, podríamos decir –entre otras cosas seguramente– que si el *knipale* significa acceder a un poquito de autonomía (a través de ese limitado dinero «negro» sobre el que no dan explicaciones), no será conveniente renunciar a él hasta tanto sean capaces de disponer de los mismos espacios de autonomía de que dispone el varón. Según desde qué perspectiva se enfoque, el *knipale* puede ser instrumentado como un punto de apoyo para ampliar a partir de allí –y en forma progresiva– el radio de autonomía, o convertirlo en una jaula dorada donde las mujeres queden atrapadas en el confort de los límites estrechos y sin riesgos.[7] Quedarse circunscrita al dinero del *knipale* es una forma de avalar que la autonomía económica de la mujer debe reducirse a los límites del mismo. La legitimación que la cultura hace del *knipale* es una trampa porque permite una satisfacción reducida que «desinfla» las pretensiones de una mayor autonomía. El *knipale* tiene cara de mujer porque es el dinero permitido para la mujer. Y esta discriminación corroe el entendimiento de la pareja, porque instala un modelo de desigualdad y dominación que genera indignidad y violencia en quien depende. La sumi-

7.   En este sentido se plantea la misma problemática cuando se reflexiona sobre la conveniencia o no de darle un sueldo al ama de casa. Ese sueldo podrá ser utilizado, según cada mujer, tanto para que ella misma se autoconfíe en las tareas hogareñas como para que lo utilice como punto de partida para acceder a una mayor autonomía si así lo desea. Pero el hecho de que exista (tanto el *knipale* como el sueldo) disminuye indiscutiblemente la situación de dependencia absoluta.

sión que instala la desigualdad de autonomías atenta contra el amor, el cual frecuentemente se esgrime como sustento de una buena relación de pareja. Por eso sería muy saludable que el *knipale* dejara de tener cara de mujer y la autonomía económica prioridad masculina.

3 UNA EXTRAÑA VIVENCIA

Se trata de una vivencia de robo de la cual las mujeres hablan poco. Surgida de no se sabe dónde, sus orígenes se vuelven misteriosos. Los argumentos racionales son incapaces de dar cuenta de ella. Resulta vergonzosa y genera desconcierto e inquietud. Como una molesta mosca de verano su presencia revolotea indiferente a los gestos torpes por ahuyentarla. Esta vivencia «de estar robando» genera –entre otras cosas– desconcierto, porque va en contra de los valores de honestidad que esgrimen muchas de las mujeres que la padecen. Y desconcierta aún más porque no tiene apoyo objetivo en la realidad. Es una vivencia que inquieta porque está incorporada a nuestra cotidianeidad en aquellas cosas aparentemente más inocentes. En este sentido tiene algo de siniestro. Lo siniestro es algo desconocido y aterrador que puede aparecer inadvertidamente en aquello que nos es familiar, y que por familiar resulta fiable. Parte de lo siniestro reside en el hecho de que es justamente en la confianza donde se oculta el peligro.[8]

Es una vivencia que avergüenza porque ataca la propia dignidad y cuestiona la solvencia moral de quien la siente. Esta vivencia de «robo» está agazapada y aparece de manera imprevista en algunas mujeres cuando administran el dinero «pequeño». Surge en el momento de hacer las cuentas, en el momento de rendirlas y en el momento de «separar» un poco de dinero para ponerle la etiqueta de «propio» (como ya vimos al principio de este capítulo). Veamos algunos ejemplos que nos ayudarán a identificar-

8. Freud, en *Lo siniestro*, hace un análisis lingüístico y señala que lo siniestro (*das unheimliche*) se refiere, por un lado, a lo que es familiar y confortable, pero que oculta y disimula algo que de pronto se nos revela.

la. Son ejemplos dispares pero que, a mi entender, apuntan a lo mismo.

Susana: «Yo administro casi todo el dinero que necesitamos para el mes. Si bien soy profesional, no gano mucho dinero, así que la mayoría de lo que utilizamos lo aporta mi marido. A mediados de mes le pedí dinero porque no tenía. Su reacción fue la de tantas otras veces; me dijo: "¡Cómo!, ¿ya no tienes más...? ¿En qué lo gastaste?" Su actitud no era recriminatoria, más bien era de sorpresa y curiosidad, pero yo me puse rabiosa y me enfadé. Pensé que él no se daba cuenta porque no hacía las compras cotidianas. Pero debajo de la rabia surgía una vivencia rara y molesta, como si hubiera estado robando. Lo cual me daba más rabia aún porque yo no había robado, porque mi marido no me estaba acusando y porque en última instancia, ¡a quién le iba a robar si era el dinero de los dos! ¡¡Pero lo cierto es que me sentía como acusada de robo!!»

Marta: «Nosotros administramos los dos sin mayores dificultades. Somos más o menos ordenados y coincidimos bastante en la manera de actuar con el dinero. En una oportunidad en que mi marido estuvo de viaje yo quedé con toda la responsabilidad del control económico durante su ausencia. Habitualmente es una responsabilidad compartida. Y me sorprendió verme anotando cuidadosamente todos los gastos como si yo tuviera que rendir cuentas. Me llamó la atención porque no lo hago nunca cuando él está y ninguno de los dos le pide cuentas al otro. Lo que empecé a sentir me dio mucha vergüenza porque me di cuenta de que estaba tomando todas las precauciones para que a su vuelta él no llegara a pensar que me había quedado con dinero... Y como sé algo de psicología recordé que es un tópico de la literatura psicoanalítica sostener que detrás del temor se oculta el deseo. Y me dije, cada vez más horrorizada de mí misma: «¿Acaso detrás del temor a robar existe en mí el deseo de robar?» Y me empecé a sentir tan mal que borré de mi conciencia semejante pensamiento. Pero el hecho de no pensar no alivió mi malestar, ni mi vergüenza, ni mi desconcierto, ni mi inquietud... porque yo seguía anotando los mínimos detalles de todo lo que gastaba.»

Paula: «Mi marido y yo hacemos aportaciones similares para el mantenimiento de nuestros gastos y hemos resuelto también que independientemente del dinero común que ahorramos cuando nos sobra (y sobre el que decidimos conjuntamente), cada uno dispone a su antojo de cierta cantidad de dinero, que es considerado «personal». En ocasiones ese dinero sobrante –tanto el «común» como el «personal»– se coloca a plazo fijo. En cierta oportunidad se dio una coincidencia que generó una situación que yo viví como embarazosa y que no pude entender ni tampoco justificar. El hecho fue el siguiente: yo me había responsabilizado de colocar a plazo fijo una cantidad que era «común», renovable periódicamente hasta que hiciéramos uso de ella. Al mismo tiempo yo no tenía un dinero «personal-mío», que también había colocado a plazo fijo en el mismo banco. En una oportunidad coincidieron las fechas de renovación de ambos plazos fijos. Cuando fui a renovarlos la empleada me sugirió que uniera los dos plazos fijos, ya que estaban al mismo nombre (mío y de mi marido) porque la cantidad sería mayor y eso aumentaría la tasa de interés. Mi respuesta fue negativa porque no quería tener que hacer las cuentas para delimitar el interés que correspondía al dinero común y al dinero propio. No se trataba de ahorrarme el trabajo de hacer las cuentas. Se trataba de una sensación por lo demás incómoda en la que me sorprendía cuidándome mucho para no equivocarme a favor mío... No fuera a parecer que yo quería aprovecharme de lo que no me correspondía. Por si acaso, ya me encontraba –en mi imaginación– optando por dirimir en favor del «dinero común». Con semejantes pensamientos me sentí bastante indigna y sumamente desconcertada, porque esas elucubraciones no tenían ningún asidero en la realidad de nuestra pareja. No entendía en absoluto qué me pasaba.»

En estos ejemplos aparece esa extraña vivencia de robo, acompañada de vergüenza, desconcierto e inquietud, sensaciones que no es posible justificar como una reacción a maridos egoístas, controladores o déspotas. La falta de una justificación que se apoye en hechos verificables en la realidad de la pareja, la convierte en incomprensible... Y sin embargo, está allí, con toda la fuerza de su presencia. No hay motivos para sentirla, pero se la siente. No hay explicación lógica, pero existe. *Es una inequívoca vivencia de robo.* Si definimos el robo como la apropiación material de lo ajeno, estas mujeres estarían sintiendo que se apropian de algo que –aunque legítimamente les pertenece–, sin embargo es vivido como ajeno.

Esta vivencia de robo genera sentimientos de culpabilidad por un delito no cometido que, sin embargo, compromete la tranquilidad, gasta energía psíquica y limita la autonomía concreta en las prácticas con el dinero. En ocasiones, estos sentimientos de culpabilidad son avalados por algunos psicoterapeutas que utilizan los recursos teóricos del psicoanálisis de manera esquemática. Es el caso de los que hacen una interpretación parcial como, por ejemplo, que las fantasías de robo ocultan efectivamente deseos de robo. Y omiten que hay una dimensión ideológico-social que condiciona y estructura estas fantasías. Es decir, que si las mujeres sienten como robo el apropiarse del dinero conyugal es porque socialmente existe un consenso tácito (avalado por siglos de prácticas discriminatorias) acerca de que el dinero corresponde legítimamente a los hombres. Cuando un psicoterapeuta (hombre o mujer) interpreta como válida la fantasía de robo detrás del temor y se queda sólo en eso, está avalando con su interpretación la culpabilidad de su paciente mujer. Además, el lugar que ocupa el profesional en la relación paciente-terapeuta lo inviste de tal autoridad que su interpretación se convierte en un instrumento de poder que contribuye a reforzar la culpa. Si a esto le agregamos que los sentimientos de culpabilidad tienen un peso decisivo en la determinación de comportamientos neuróticos, podemos deducir fácilmente que este tipo de interpretación (que avala la culpabilidad al dejar de incluir críticamente el factor ideológico y de poder que el dinero implica) es totalmente tendenciosa y altamente iatrogénica.[9]

Esta iatrogenia puede compararse a cuando muchos psicoa-

9. En *El sexo oculto del dinero* esbozo algunos aspectos teóricos y técnicos que resaltan la iatrogenia que puede producirse con la instrumentación de ciertos conceptos teóricos psicoanalíticos cuando son utilizados de manera esquemática, sin incluir los aspectos ideológicos que están siempre presentes en las prácticas socioculturales con el dinero y en los conceptos de la propia teoría.

nalistas de la década de los 60 sostenían –como reacción a la crítica que el movimiento feminista hacía de los conceptos patriarcales y falocéntricos, implícitos y explícitos en el psicoanálisis– que si las mujeres eran maltratadas ello era a causa de la presencia en las mismas de un componente masoquista o sentimientos de culpa que necesitaban ser expiados con el maltrato que permitían. Lo omitido –entre otras cosas– era que los componentes masoquistas, presentes tanto en hombres como en mujeres, adquieren en estas últimas una mayor estructuración por la existencia de un condicionamiento social que impone a las mujeres la sumisión como rasgo esencial de su género. Sumisión sumada a la incondicionalidad hacia el varón, mandato explícito de todas las religiones occidentales y muchas orientales.

Volviendo a la vivencia de robo y a los sentimientos de culpa que ella genera podríamos afirmar que uno de sus orígenes está en el fenómeno de sexuación del dinero. Es decir, en ese fenómeno psicosocial por el cual el dinero aparece como una propiedad indiscutida del varón. En este contexto, que tiene una dimensión consciente y otra inconsciente, la apropiación del dinero por parte de las mujeres (me refiero al que legítimamente les pertenece desde una perspectiva no sexista) suele adquirir una connotación de robo. Desde la perspectiva del dinero sexuado, es posible comprender entonces una aparente contradicción: la de que muchas mujeres puedan sentirse culpables de un delito no cometido. La sexuación del dinero proclama la propiedad indiscutida del varón y, por lo tanto, define automáticamente como ilegítima su apropiación por parte de las mujeres.[10]

En los momentos actuales las mujeres han accedido al dinero y muchas de ellas tienen la pretensión de desenvolverse respecto de él con las mismas libertades y soltura que el varón. Sin embargo, a pesar de que racionalmente entienden que su pretensión es legítima y que incluso en ocasiones es estimulada desde la sociedad, siguen persistiendo ciertos sentimientos de culpabilidad, como si estuvieran haciendo algo incorrecto. Para intentar com-

10. Quiero recordar que el fenómeno de sexuación del dinero se construye como un proceso inconsciente y que, por lo tanto, actúa con la fuerza de lo inconsciente. Para modificarlo es necesario desenmascarar sus múltiples manifestaciones cotidianas (es decir, hacerlo consciente) y establecer un reaprendizaje posterior.

prender esto debemos incluir al protagonista **indispensable de los** procesos de cambio: la transgresión. Podemos decir sin equivocarnos que no hay cambio sin transgresión, ya que justamemnte el cambio supone la modificación y alteración de las normas vigentes hasta el momento. Quien pretende generar un cambio está intentando transitar un camino partiendo de algo conocido que desea modificar. Supone un deseo y una propuesta de «salirse» de un modelo, de traspasar las barreras normativas, de abrir grietas en los límites establecidos y alterar su demarcación. Supone la intención de re-organizar lo dado buscando nuevas relaciones. Lo mismo ocurre con el arte: crear supone transgredir el orden preexistente. Necesariamente quien desea cambiar tiene que transgredir. No le queda otra alternativa.[11] Y volviendo al dinero: el hecho de que las mujeres accedan a él, sea por deseo propio, sea empujada por las circunstancias de la sociedad actual que las reclama como participantes activas en las tareas de producción, el dinero las coloca en el lugar del cambio, en el lugar de la transgresión. Con esto quiero decir que las mujeres, por estar inmersas en una sociedad en movimiento y que cambia, debemos afrontar, nos guste o no, el incómodo sentimiento de que estamos haciendo algo incorrecto, de que estamos transgrediendo. Es posible pensar, inclusive, que también aquellas mujeres que intentan perpetuar modelos tradicionales no están exentas de las vivencias de transgresión que les impone el cambio histórico.[12]

Y ahora estamos en mejores condiciones para retomar nuestras reflexiones sobre esa extraña vivencia de robo, que en un principio resultaba tan inasible e incomprensible. Ya no es tan extraña, pues se vislumbra su entramado. Tampoco es tan inasible porque se han encontrado indicios que dan cuenta de su

---

11.   En este sentido estoy de acuerdo con el concepto elaborado por una colega brasileña, Maria Elena Matarazzo, que me fuera transmitido verbalmente, acerca de que la transgresión, entendida de esta manera, es una condición para el crecimiento.

12.   Liliana Mizrahi en su libro *La mujer transgresora* (Buenos Aires, GEL, 1987), realiza un cuidadoso e inédito análisis acerca del cambio en la mujer y del significado de la transgresión. Entre otras cosas sostiene que «...si bien es cierto que la mujer alcanza la libertad creadora, la alcanza contra todo lo que en ella aspira al sometimiento. Y no sólo contra los que tratan de someterla desde afuera».

origen. Ya no resulta incomprensible porque, al desvelar las condiciones en que se produce, también es posible prever hacia dónde conduce. Ya sabemos que proviene de la ideología patriarcal encarnada en la sexuación del dinero, de la vivencia de transgresión que se impone a los intentos de re-organizar de una manera distinta las relaciones tradicionales entre los sexos a traves del dinero, de la culpa que genera en las mujeres dejar de ser continuadoras de los modelos maternos basados en la dependencia.

Ahora bien, ¿qué utilidad brinda acceder a este conocimiento? La experiencia demuestra que, en tanto no se toma conciencia del pasado, éste tiende a repetirse en el futuro. Por ello la actitud que se adopte frente a esta incómoda vivencia de robo condicionará futuros muy distintos. Acceder a su conocimiento ofrece la oportunidad de influir sobre el propio destino y tomar posesión del estrecho margen de elección de que disponen los seres humanos, incluyendo los condicionamientos inevitables.

Si la actitud frente a esta incómoda vivencia es tolerarla pasivamente, tratando de acallar el malestar que provoca, ella se mantendrá incólume y aparecerá por sorpresa en el momento menos esperado. Casi podríamos asegurar que –viniendo de donde proviene– provocará en las mujeres la necesidad de reparar permanentemente delitos no cometidos, alimentará resentimientos, fomentará comportamientos revanchistas y dará cabida a toda una gama variada de los más ingratos sentimientos humanos..., con el deterioro que esto produce.

Si, por el contrario, se la aborda activamente es posible llegar a desactivarla y dejar de repetir un pasado de culpa. Esto no es una tarea fácil porque supone, por lo menos, dos laboriosas empresas para las mujeres que se lo propongan. Una consiste en combatir de todas las maneras posibles la sexuación del dinero que impera en nuestra cultura; la otra en asumir la transgresión. Lo difícil de la primera es que la sexuación no sólo está «afuera», en el contexto social, sino que también está internalizada y resulta tan familiar que a menudo pasa inadvertida. Por ejemplo, cuando se hacen diferencias en la cantidad de dinero que se les da a los hijos según sean chicos o chicas, cuando se usa con ilusoria libertad la extensión de la tarjeta de crédito que controlan los maridos, cuando por debajo de la mesa del restaurante se desliza dinero para el compañero, de modo que no se note que «no es él quien paga», etc.

La segunda es una empresa un tanto más compleja, porque asumir la transgresión significa, para las mujeres, aceptar la desobediencia propia como un comportamiento no pecaminoso, cosa de por sí laboriosa porque supone echar por tierra todos los mitos que desde Adán y Eva proclaman como pecado la transgresión femenina. Significa tolerar el disentimiento y hacer el esfuerzo consciente por encauzar los comportamientos transgresores como un medio y no como un fin. Es decir, transgredir como un paso necesario para cambiar y no para quedarse en la oposición y la protesta. Es, fundamentalmente, hacerse cargo de sí misma en lo que cada una tiene de original y propio. Pero, además de lo que estoy planteando en relación con las mujeres, deseo señalar muy especialmente que combatir esta vivencia de robo no es una tarea que las beneficie sólo a ellas. Es también liberar al hombre del ingrato papel de juez censurador, quitándole la carga de un rol que, además de malsano, lo condena a la soledad de quien asume la propiedad de la justicia.

En síntesis, podemos afirmar que el dinero que esconden las mujeres, el *knipale* institucionalizado y las incómodas vivencias de robo, son distintas expresiones de un mismo mal: *la ilegitimidad que la autonomía económica tiene para las mujeres dentro y fuera de ellas.*

4
Temas malditos: intereses, contratos, presupuestos y otras hierbas

Ciertos temas específicos, cuando se relacionan con la pareja, producen una reacción inmediata de irritación que, lejos de ocultarse, adquiere expresiones y actitudes de franco rechazo. Son aquellos que de una u otra manera pueden llegar a poner al descubierto la trama en que se apoyan las mutuas adjudicaciones, la distribución de roles, las expectativas e ilusiones, la concepción profunda acerca de los espacios propios y comunes, las limitaciones propias y ajenas, etc. Hay dos temas de naturaleza muy distinta, pero que se hallan conectados entre sí y forman parte de lo que podríamos llamar «temas malditos». Uno se refiere a los *contratos implícitos* en la pareja y el otro (que es una expresión material del contrato) a los presupuestos. Comencemos por el primero.[1]

---

1. Al hablar de contrato implícito me refiero al conjunto de pautas con que cada individuo aborda la relación de pareja y en las que sustenta sus expectativas de interacción. Están contenidas en dicho contrato las influencias que provienen tanto del contexto sociocultural, como de la historia personal y de la realidad psíquica individual. Algunos aspectos del contrato son accesibles a la conciencia, en tanto otros permanecen fuera de ella. Aquí se incluyen los acuerdos y pactos inconscientes a los que se refieren J. Puget e I. Berenstein (1988). Deseo subrayar que al caracterizar a estos contratos de implícitos pongo el énfasis en todo lo no dicho explícitamente. Es decir, hago hincapié en cierta actitud de encubrimiento de la que participan tanto aspectos conscientes como inconscientes.

1. «AMARÁS AL PRÓJIMO COMO A TÍ MISMA..., NO MÁS QUE A TÍ MISMA» [2]

Hay quienes piensan que utilizar la palabra *contrato* en relación a la pareja es algo así como una blasfemia que clava su estilete en el corazón mismo del amor. Pero ya sabemos (y si no lo sabemos podemos empezar por enterarnos) que el amor tiene muchas interpretaciones. Para unos, la incondicionalidad es la expresión máxima del amor. Para otros esa misma incondicionalidad refleja la expresión máxima del amor. Para otros esa misma incondicionalidad refleja la expresión màxima de la sumisión. Ya se conciba el amor como sumisión o como autonomía, estas concepciones se ponen en práctica guiadas por una cantidad de pautas que cada miembro da por sobreentendidas. Sin ánimo de promover reacciones de malestar, pero consciente de que es casi inevitable, debo comenzar planteando que, nos guste o no, eso que llamamos pareja apoya sus bases y despliega sus ornamentos sobre un fondo contractual generalmente no explicitado. Existe un contrato implícito. Un contrato donde sólo figura la letra pequeña, esa que generalmente no se lee en los contratos habituales del ámbito público. En esa letra pequeña (muy, muy pequeña, tan pequeña que cuesta trabajo distinguir sus caracteres) figuran con tinta indeleble las expectativas que cada uno tiene en el complejo juego de dar y recibir. Expectativas de todo tipo: afectivas, sociales, económicas, etc. En otras palabras, están presentes nuestros intereses profundos.

El hecho de que la palabra interés esté asociada casi exclusivamente con lo económico le otorga un tinte peyorativo cuando se utiliza para denominar vivencias relacionadas con lo afectivo. Pero lo cierto es que ningún ser humano está libre de tener intereses, y llama la atención que dichos intereses tiendan a no ser explicitados abiertamente entre los miembros de una pareja. Sin embargo, están siempre presentes en esos contratos implícitos, silenciados y en apariencia inexistentes. Allí transitan a sus anchas, sin necesidad de ocultarse, ni deformarse, ni negarse a sí

---

2. Esta es la feliz expresión de una amiga y colega, Pilar Ramognini, quien sintetizó con esta frase mi larga explicación acerca de los fundamentos altruistas del amor que perpetúan la marginación en las mujeres.

mismos porque cuentan con la impunidad de lo no explicitado.

Las relaciones afectivas no son contractuales en el sentido que adoptan las reglas de un contrato en el ámbito público; sin embargo, están regidas inexorablemente por disposiciones implícitas en donde figura –como en todo contrato– lo que se espera recibir y el castigo por los incumplimientos. Se trata de un contrato sobre cuyo fondo se legitiman expectativas profundas y se establecen compromisos mutuos, a menudo inconscientes y de los cuales el otro no siempre está enterado. Cuando estas expectativas no satisfacen, pasan a engrosar la cuenta de los compromisos objeto de reclamación, los cuales, según los casos, se demandan con dulzura, se exigen con acidez o se convierten en motivo de ironía punzante según la modalidad de sus integrantes. Se trata de un contrato indiscutido en su doble acepción: la de no haber sido explicitado y, por lo tanto, no ser el resultado de un convenio mutuo, y la de ser tomado como una realidad o hecho que no se revisa ni cuestiona. Se trata, en consecuencia, de un contrato ciego, sordo y mudo al cual, a pesar de su ineptitud para ser explicitado, se le exige un estricto incumplimiento.

Es posible apreciar a nuestro alrededor que el interés profundo que mueve a los individuos a relacionarse entre sí, abarca un espectro amplio y variado. Sin embargo, aun cuando ese espectro ofrece alternativas de muy distinta naturaleza, existe cierto consenso social que adjudica a la palabra *interés* un contenido peyorativo cargado de prejuicios. El foco de prejuicio recae sobre el hecho de que el interés otorga algún rédito, cuyos beneficios usufructúa aquel que defiende sus intereses. El obtener algún rédito o beneficio explícito es el punto central del concepto de interés. Pero cuando el interés está asociado de alguna manera con las relaciones de orden afectivo comienzan a plantearse situaciones conflictivas cuyo origen debe buscarse en el prejuicio que envuelve a la idea de rédito o de beneficio. Este prejuicio supone que el interés para buscar un beneficio es lo contrario del amor, concebido como entrega incondicional. Este prejuicio no es inocuo, entre otras cosas, porque la profunda valoración con que algunos grupos sociales invisten actitudes tales como el altruismo y la abnegación coloca automáticamente el interés en el polo de los sentimientos innobles, y como tal, merecedor del

repudio. En segundo lugar, no resulta inocuo porque su coloca-
ción en dicho polo lo convierte en la contrapartida del más noble
de los sentimientos: el amor, un amor definido como entrega
incondicional que se opone a lo rentable.[3] De esta manera, amor
e interés terminan siendo incompatibles e inversamente proporcionales. En otras palabras, es lo que comúnmente se expresa
cuando alguien comenta: «Donde hay interés está afectado el
amor... y viceversa». En tercer lugar, el prejuicio no es inocuo
porque su carga peyorativa suele no merecer el mismo grado de
repudio social si es protagonizado por un hombre o por una
mujer. En el caso de la mujer, que ha sido ungida con la responsabilidad simbólica de ser la legítima representante del amor incondicional y custodia de su perpetuación sin mácula, la posibilidad de concebirla (y de concebirse a sí misma) como interesada
supone una automática degradación. Degradación en todas las
acepciones: la de ser rebajada de grado o dignidad, la de cambiar
la composición de su «esencia», como sucede con ciertos produc-
tos químicos, y la de «rebajarse» moralmente, que es uno de sus
sentidos figurados.

Como es posible deducir, la etiqueta de «interesado» soporta
sobre sus espaldas una buena dosis de censura que, además de
convertirse en obstáculo que hay que superar, adopta en la versión psicológica una significativa carga de culpabilidad. Y ya que
estamos buscando precisiones lingüísticas, es conveniente recordar que la etiqueta «interesada» no es solamente el femenino del
adjetivo interesado. Es una etiqueta que, además de hacer referencia a una limitación de altruismo y a cierta preferencia por «lo
material», incrementa su riqueza semántica con el agregado de
degradación moral, indignidad y desamor. Este es uno de los
motivos por los cuales dicho adjetivo suele generar un impacto
mucho más movilizador e ingrato en las mujeres que en los hombres.

Las consecuencias, en la pareja, de esta carga peyorativa sobre el
«interés» no se hacen esperar. La presencia explícita de intereses
supone y exige un compartir condicionado. Es decir, un com-

3. Este conflicto entre lo rentable y el altruismo es una variante del enfrentamiento
entre el «ideal maternal» y las prácticas con el dinero en mujeres, tema que fue desarrollado en *El sexo oculto del dinero, l. cit.*

partir entre dos personas sobre la base de condiciones que permitan a cada una de ellas desarrollarse como sujeto. Es lo opuesto a un compartir «incondicional», que no debe llamarnos a engaño porque sólo existe en teoría. En la práctica concreta suele suceder que cuando una pareja cree compartir «incondicionalmente», se trata en realidad de que uno de los dos se acomoda a las necesidades y exigencias del otro. En general suelen ser las mujeres las que toleran acompañar «incondicionalmente», aun cuando se quejen o lo hagan con desgana. En definitiva, esta modalidad de compañía es siempre asimétrica, porque se trata de la disponibilidad de uno cuyos beneficios son rentables también sólo para uno (que es el otro). La concepción de pareja que afirma la necesidad de compartir incondicionalmente niega la realidad, porque esas supuestas entregas altruistas tienen un costo que tarde o temprano exige compensación. Además, también pretende imponer un modelo que plantea la incompatibilidad entre amor (incondicional) e interés (rentabilidad). Esta concepción genera un conflicto cuya resolución pone a sus miembros en la triste disyuntiva de optar entre dos alternativas igualmente empobrecedoras: o bien entregarse al amor incondicional resignando los intereses personales, o bien intentar legitimar estos últimos a expensas de la pérdida del amor.

Es necesario aclarar que en esta situación conflictiva las mujeres están más expuestas que los hombres. Ello se debe a que, en general, para las mujeres el amor ocupa un lugar hegemónico al que se subordinan todos los otros intereses. Renunciar al amor no genera el mismo grado de perturbación y desestructuración en mujeres y en hombres. En estos últimos la autovaloración y la dignidad personal no pasan por amar y ser amados, sino por la reafirmación de sus intereses sociales y productivos, lo cual los coloca en una situación menos vulnerable en relación al amor y menos generadora de culpa cuando priorizan su realización personal. Aunque sea una obviedad no viene mal recordar que el lugar hegemónico que ocupa el amor en la subjetividad femenina no es una condición genética. No hay ningún cromosoma que lo transporte. Es producto de múltiples condicionamientos psíquicos y sociales en donde la división sexual de trabajo, de roles, del dinero y del poder, además de la concepción de la feminidad como un «género devaluado», desempeñan un papel decisivo[4].

Así planteada la situación de incompatibilidad entre amor e interés, a menudo encontramos que muchas de las parejas que se reconocen a sí mismas como bien constituidas en lo afectivo, ven empañarse la transparencia de sus vínculos cuando «se descubren» con «intereses personales». Y entran en conflicto atravesando laberintos que poco aclaran las supuestas incompatibilidades entre amor e interés. De este modo, bajo la amenaza no explícita de «resquebrajar la unión de la pareja», muchas personas –hombres y mujeres– ocultan sus ambiciones, deseos e intereses justamente a quien más sentido tendría exponérselos.

Pero si bien los ocultan no por ello dejan de existir. Están presentes en los contratos no explicitados a los que hacía referencia al comienzo de este capítulo. Ahora estamos en condiciones de comprender por qué la palabra contrato genera tanto malestar cuando se la refiere a la pareja: entre otras cosas, porque pone al descubierto la existencia de intereses personales. Y estos intereses personales atentan contra una concepción ideológica que concibe a la pareja como una unidad fusional donde el regocijo de uno debe ser el placer del otro: una unidad que no reconoce dos sujetos sino la unión de dos en una sola voluntad. Pero esta única voluntad tampoco es concebida como el resultado de la interacción de los deseos mutuos, sino como la imposición de uno frente al acatamiento del otro. Se trata de una concepción de la pareja basada en un modelo autoritario, que cala hondo en nuestra cultura y que se pone en práctica cuando hombres y mujeres, en aras de preservar una unión ilusoria, permiten la imposición y toleran el acatamiento.

En cuanto a los intereses de orden material y/o «personal» dentro de la pareja, no son buenos ni malos en sí mismos. Los intereses simplemente existen. Su existencia no es perjudicial de por sí. Lo que sí puede ser perjudicial es el uso que hagamos de

4. Emilce Dio Bleichmar (1985) ha contribuido a esto con un concepto muy esclarecedor cuando plantea que el género femenino es un «género devaluado». Esta devaluación –que ella analiza profundamente en sus raíces y conformación dentro del psiquismo– tiene consecuencias decisivas en la constitución de una subjetividad que permanentemente necesita ser «reafirmada». Entre muchos otros motivos, las mujeres necesitan saberse amadas para contrarrestar la propia autodesvalorización.

ellos. Cuando dicho uso no contempla también los intereses del otro, termina condicionando un intercambio que enriquece a uno a expensas del empobrecimiento del otro. Cuando esto sucede la relación de pareja funciona sobre la base de un contrato usurero. ¿Cómo se produce la usura? Cuando alguien que sufre una presión extrema acepta condiciones indignas como única alternativa para resolver su situación. En las mujeres, frecuentemente esta presión es el resultado de la discriminación que sufren como género, y que a menudo las lleva a ser partícipes voluntarias de contratos usureros. A continuación plantearé algunos ejemplos –todos testimonios verídicos– con los que intentaré mostrar algunas de las múltiples aristas de los contratos implícitos. Comenzaré con un ejemplo tal vez un poco esquemático, pero tan real que constituye en sí mismo el fresco de una época y de un modelo de pareja. Modelo asumido, respetado, perpetuado y hasta defendido por sus integrantes.

2 LOS CONTRATOS FRAUDULENTOS GENERAN FACTURAS VITALICIAS

Cuando los contratos –por múltiples y complejos motivos– amparan situaciones de desequilibrio que permiten el beneficio de uno a expensas del otro, las diferencias en contra del que se considera perjudicado suelen ir a parar a una «cuenta especial» en donde se procede a asentarlas. Estas diferencias se van acumulando a la espera del momento oportuno. Casi podríamos decir que esa acumulación adopta la forma simbólica de «facturas que se deben cobrar». Veamos un ejemplo.

Este es el caso de un matrimonio mayor (80 y 83 años) con hijos y una trayectoria conyugal de unión y complementariedad (¡sobre todo de complementariedad!). El siempre se destacó por sus conocimientos y prestigio profesional y personal. Ella, mujer sobria e inteligente, lo secundó en todo momento. En las reuniones, mientras él era la *vedette* que deleitaba con su conversación y erudición, ella escuchaba atentamente haciendo muy pocas observaciones, aunque lúcidas y profundas, que sorprendían porque no se las esperaba de alguien que estaba tan a la sombra. Ya en edad avanzada, él es intervenido quirúrgicamente, saliendo airoso de la operación, pero muy irritable e irritante. En esa oportunidad, su mujer (ya de ochenta años) en el colmo de su paciencia le dice: «No te aguanto más, me voy a tomar unas pastillas y me voy a morir». El no le hace caso, pero cuando horas después va a verla no la puede despertar. Efectivamente, se había tomado varias pastillas para dormir, pero por fortuna no había muerto. Cuando se repone, estalla entre ellos una gran pelea a través de la cual comienzan a deslizarse, como imágenes de un film antiguo, viejos y encendidos reproches, como por ejemplo, que en el año 48 él le había prohibido hacer un trabajo que ella deseaba, y al cual renunció porque no le fue posible desafiar su autoridad. Esa fue una de las muchas «facturas» que, una tras otra, fueron acumuladas en los últimos cuarenta años. De ahí en adelante comenzó un careo inacabable con una lista infinita de pequeñas y grandes situaciones en donde ella, mes por mes, año tras año, iba desdibujando sus entusiasmos, apagando sus deseos, postergando sus ambiciones en aras de la fidelidad a lo que seguramente creyó que era la forma correcta de ser esposa y cumplir un contrato social avalado por la cultura y sostenido por la costumbre. De esa manera fueron sucediéndose expectativas postergadas, deseos incumplidos, transacciones a pérdida, ambiciones truncadas, experiencias abortadas, desafíos inexistentes..., acumulándose durante más de cuarenta años como facturas impagadas a la espera de alguna recompensa. Resulta difícil entender la reclamación de condiciones que nunca fueron previstas «formalmente». Sin embargo, con el correr del tiempo surge la reclamación. Aparece una larga lista de hechos y situaciones que han sido rigurosamente registrados, como si existiera «otro» contrato no explicitado en el cual sí fueron previstas todas las expectativas que ahora se reclaman. La hipótesis de que existe otro contrato no explicitado, es decir, otra manera de concebir el intercambio en la pareja y que rige paralelamente, nos permite aceptar la idea de que existe algo así como una «doble contabilidad». Una es la contabilidad «oficial», que muestra un ejercicio correcto durante más de cuarenta años y sobre el cual supuestamente no se puede decir nada porque según las apariencias «todo está en orden». La otra es una contabilidad cuyos asientos figuran en algún oscuro lugar donde el tiempo no pasa, engrosando intereses acumulativos que terminan siendo disparatados porque nadie podrá saldarlos. Sin embargo, no dejan de ser reclamados en eso que a veces llaman la «hora de la verdad».

Siguiendo con el paralelismo entre economía y pareja, en el caso que nos ocupa ambos participaron de un contrato fraudulento en donde uno de los dos fue estafado. La estafa consistió en que ambos creían que las entregas «incondicionales» de ella iban a rendir un beneficio proporcional al importe de sus resignaciones. E incluso podríamos decir más: que habría una segunda estafa, mucho más sutil y sofisticada, que tiene forma de autoestafa. La autoestafa consistiría en otorgarle a esas «facturas pendientes» características vitalicias por las cuales se decreta que no prescriben a pesar de los años y devengan intereses acumulativos con los que se espera obtener una fortuna proporcional a la cantidad de facturas acumuladas. La vida suele mostrar que el tiempo no pasa sin transformación y hay situaciones sin retorno. Porque, volviendo a nuestro caso, ¿quién le devuelve a ella la oportunidad de hacer lo que ya no realizó? ¿Tiene acaso su viejo marido el capital de vida suficiente (con ochenta y tres años) para resarcirla aunque sólo sea en una décima parte de sus reclamaciones? Y si él reconociera la renta personal que obtuvo de la incondicionalidad de su mujer, ¿en qué le cambiaría la vida a ella? En otras palabras, esas facturas no son vitalicias y su acumulación configura una deuda insaldable. Es posible pensar que él pudo beneficiarse de la incondicionalidad de su mujer porque coincidía con que también ella creía que «algún día» él habría de resarcirla. Curiosa concesión al tiempo cuando es justamente el tiempo el que no otorga ninguna concesión.

Acaso algunos de los que lean esto dirán: «¡Pero si es la historia de mis padres!», afirmando luego presurosamente que dicha historia es un pasado superado que corresponde a «otra generación» y a «otra época». Sería saludable no incurrir en ilusiones engañosas, ya que con algunos arreglos y modernizaciones bien podría llegar a ser también nuestra historia.

La democracia tiene la osadía de pretender barrer los privilegios; en ese sentido, si bien muchas parejas actuales intentan llevar adelante intercambios democráticos, no pueden evitar mantener vigentes antiguas aspiraciones. Tienden a mantener contratos implícitos que ya no son fraudulentos, aunque todavía no llegan a ser equitativos. Sólo son contratos de transición en donde hombres y mujeres se desviven por dirimir las diferencias entre ellos y consigo mismos. Nuestra vida cotidiana nos ofrece infinidad de ejemplos que muestran la superposición no siempre feliz de expectativas contrapuestas que adquieren existencia «visible» cuando aprendemos a descifrarlos más allá de sus complejas apariencias. El siguiente comentario, de un hombre que participó en grupos de reflexión, es un ejemplo:

«Me parece importante considerar todo lo que los hombres hemos hecho en favor de la realización de nuestras mujeres. Yo conozco casos, incluido el mío, de una enorme generosidad que en general no se tiene en cuenta dentro de lo que es el presupuesto de la pareja. Pero la cantidad de cosas que uno ha hecho para facilitarles su realización, para alentarlas, eso también debería incluirse como parte del presupuesto. Si él es generoso, ella también debería de serlo». *(Y dirigiéndose a mí, que era la coordinadora del grupo, agregó:)* «Yo pensaba en ti, Clara. Pensaba que de una semana para otra hiciste una tarea de síntesis, te tuviste que escuchar el *cassette* entero y además escribiste en el ordenador lo que ahora nos estás leyendo. Debes haber utilizado mucho tiempo en esta semana. Tiempo que le has robado a tu marido. Y ahí él tiene participación. A tu marido yo no lo conozco, pero seguro que es un santo.»

Debo reconocer que este comentario me produjo un gran impacto. No porque me resultara incomprensible (¡todo lo contrario!), sino porque expresado así de golpe me sumió en una profunda confusión. Lo primero que cruzó por mi cabeza fue: «Cómo, ¿yo soy la que trabaja y resulta que el santo es mi marido?» El comentario provenía de alguien que –me consta– valora la producción hecha con seriedad y sabe que no hay frutos sin

72

trabajo. Por ello dicho comentario resultaba casi una paradoja, donde el mérito de lo que se admiraba era adjudicado a otro distinto de quien lo había realizado. La espontaneidad y sincera agudeza con que fue dicho me dio la pauta de que no era un comentario para ser tomado a la ligera. Muy por el contrario, se trataba de algo muy complejo y profundo que condensaba lo que muchos pensaban y pocos se animaban a decir.

Veamos algunas de las cosas implícitas en este comentario. Además de otorgar el mérito a quien no realizó el trabajo, plantea que contribuir al desarrollo personal de una esposa es un acto de generosidad. Esto nos lleva a pensar en el concepto de generosidad. En términos generales podemos decir que es generoso aquel que renuncia en favor de otro a un beneficio que legítimamente le corresponde. En nuestra cultura, el desarrollo personal cuenta con la tradición de ser considerado uno de los privilegios legítimamente masculinos. Y es desde esta perspectiva –evidentemente discriminatoria– que se puede llegar a suponer que todo aquello que el varón haga en favor del desarrollo personal de las mujeres entra en la prestigiosa categoría de «generosidad». «Generosidad» por renunciar al usufructo exclusivo y excluyente de una esposa. «Generosidad» por llegar tal vez a tener que tolerar una competencia en igualdad de condiciones. En fin, «generosidad» por estar dispuesto a mantener un intercambio que privilegie el compartir sin jerarquías. Plantear que un varón es generoso porque estimula el desarrollo de su mujer sería lo mismo que plantear que una mujer es generosa porque alienta el establecimiento de vínculos afectivos entre sus hijos y el padre de sus hijos. A nadie se le escapa que esto último no puede ser considerado un acto de generosidad. Es simplemente un comportamiento natural de quien contribuye a establecer una relación afectiva saludable, de la misma manera que también es natural alentar y acariciar a quien se ama. Desde la perspectiva que postula una distribución monopólica de los ámbitos (público y privado), se puede llegar a pensar que cuando un hombre ofrece a la mujer la posibilidad de un espacio en el ámbito público está haciendo gala de una generosidad que lo hace merecer la santificación. «Tu marido es un santo» son palabras que condensan toda una ideología.

Este comentario muestra la complejidad de intentar cambiar aquellos contratos implícitos que rigen nuestros intercambios concretos. Pero muy especialmente pone en evidencia que además de las intenciones conscientes de constituir una pareja sobre la base de criterios democráticos, existen y se perpetúan viejas aspiraciones de jerarquías perdidas. Es importante dejar en claro que estas viejas aspiraciones no son un patrimonio exclusivo de los varones, porque así como muchos hombres añoran que sus esposas ya no se conformen con el espacio doméstico, muchas mujeres reclaman la protección paternalista del varón al mismo tiempo que esgrimen reivindicaciones de independencia. También es necesario dejar en claro que aun cuando la tarea de democratizar el modelo de pareja incumbe a los que participan en ella (de la misma manera que los beneficios de dicha democratización también favorecen a ambos), es una responsabilidad ineludible de la mujer asumir el protagonismo activo de la promoción del cambio, ya que resulta una pretensión poco viable esperar que el cambio lo produzca aquel que verá restringidos sus privilegios.

4   ESTAFAS MUTUAS Y SILENCIOS ENCUBRIDORES

> Le dijo el ciego al lazarillo: «Tú picarás una vez y yo otra, con tal que me prometas no tomar cada vez más de una uva. Yo haré lo mismo hasta que lo acabemos y de esta suerte no habrá engaño». Al terminar el ciego volvió a decir: «Lázaro, engañado me has. Juraré yo a Dios que tú has comido uvas de tres en tres». ¿Y por qué sospecháis eso? –preguntó el lazarillo–. Y el ciego respondió: «¿Sabes en qué veo que las comiste de tres en tres? En que comía yo de dos en dos y callabas.»
>
> El LAZARILLO DE TORMES

En una reflexión acerca del presupuesto en un grupo de mujeres, una de ellas planteaba sus diferencias con otras que se sentían

74

muy molestas porque sus tareas domésticas no eran suficiente- mente valoradas por sus maridos e hijos. Decía lo siguiente:

«Yo no estoy de acuerdo con ustedes en eso de que la valoriza- ción de la tarea doméstica tiene que pasar por el reconocimiento del otro. Yo me siento fuera de lugar con este tema del presupuesto porque yo no manejo en absoluto el dinero. Sin embargo, me siento muy satisfecha de lo que hago. Aunque ahora no limpio, disfruto mucho cocinando. Si veo que todo está bien hecho, aun- que a otros no les guste, para mí es muy gratificante. Además, mi marido tiene otras maneras de reconocerlo. Por ejemplo, cuando estuve de vacaciones vi un terreno y dije: «¡Qué feliz sería de tenerlo, es precioso!» Y a la semana siguiente mi marido vino y me trajo la escritura de compra a mi nombre. Yo no me puedo sentir insatisfecha por estar en mi hogar. ¿Y todo el tiempo que gasto para mí misma y que él no tiene para gastar en él porque trabaja 14 horas al día?» Y luego agregaba: «Yo siento que mi marido hace la peor parte y desde que yo dejé de trabajar y me dediqué a mi casa siempre lo consideré como el "pobre hombre". Trabaja todo el día, hace una tarea que no le gusta. Nunca se puede tomar tiempo para descansar. Los ingresos son fluctuantes. El es el superinsom- ne y yo duermo bien. A mí me saca un montón de problemas. Yo lo compadezco muchísimo y trato de mimarlo lo más posible para hacerle la vida más llevadera.»

Este comentario –absolutamente literal y verídico– no es un comentario aislado. Es posible oír que muchas mujeres expresan su satisfacción por dedicarse a las tareas hogareñas y sortear las vicisitudes del ámbito público. Sin embargo, este comentario tiene la particulariad de transmitir con transparencia inusual algunas facetas que suelen estar muy encubiertas. Me refiero a la denigración que es posible vislumbrar en la mujer detrás de la admiración, a la desaprensión detrás de la atención esmerada, a la reclamación detrás de la entrega altruista, a la exigencia detrás del compadecimiento. En una primera aproximación, este co- mentario refleja una sociedad conyugal instalada sobre un mode- lo típicamente tradicional, en el cual la atribución de ámbitos y tareas respeta estrictamente una distribución sexual y monopóli- ca por la cual el dinero y el trabajo remunerado es asignado al varón, y el hogar junto con la atención de hijos y esposo a la mujer. Parece además como si cada uno de los cónyuges disfrutara de la manera en que han sido distribuidas las responsabilidades y cada uno las cumple con excelencia tratando de satisfacer los deseos mutuos. Si nos quedamos en este nivel de análisis, la relación de pareja que se percibe a través del comentario adquiere características casi idílicas. Cada uno en su lugar y desde allí llenando de satisfacciones al otro. Ella, atenta y dispuesta a proporcionar los múltiples pequeños placeres diarios que hacen de la vida hogareña un refugio de confort. El, brindando grandes regalos como reconocimiento generoso a la entrega femenina. Daría la impresión de que en esta sociedad, las cuentas les cuadran satisfactoriamente a ambos, dando saldos positivos que sirven de estímulo para perpetuar estos modos de compensarse mutuamente. Sin embargo, si nos detenemos a leer por segunda vez este interesante comentario, llama la atención la expresión «es un pobre hombre» y la contradicción entre compadecerlo por lo que ella considera que son sacrificios realizados por él y los beneficios que ella recibe de dichos sacrificios.

Aquí comienzan a correrse algunos velos que dejan ver con mayor crudeza ciertas desnudeces de esta relación que presentaba una apariencia tan armónica y llena de halagos mutuos. La solícita y atenta esposa resulta ser una acompañante a quien no le afecta comprobar –según su propia observación– que las tareas a las que está abocado su marido le deterioran la salud y lo limitan para disfrutar de la vida cotidiana. El resulta ser un caballero poderoso que satisface al instante los anhelos de su mujer de una manera que no puede menos que despertar sospechas. No podemos dejar de preguntarnos por qué le dedica como regalo personal una adquisición que se merecen los dos, él por trabajar fuera y ella por trabajar dentro. Sin embargo, él siente la necesidad de regalarle una propiedad económicamente significativa. Si es sólo *pour la galerie* no es en realidad un regalo. Y si lo es realmente, se está autoexcluyendo de una adquisición que supuestamente se merece tanto como ella. Aquí parece haber gato encerrado. Tal vez podamos esbozar una hipótesis que nos permita dilucidar algunas de nuestras sospechas, pues, como dice el refrán, «cuando la limosna es grande hasta el santo desconfía».

Ahora bien, ¿qué es lo que despierta sospechas? En este caso, resulta sospechosa la total coincidencia de ambos en aceptar con absoluta naturalidad que la mujer no ocupe ningún protagonismo en el presupuesto familiar ni tenga incidencia alguna en los criterios del control económico. Si se parte de la idea de que ambos están igualmente comprometidos –ya que tanto él como ella sostienen muy satisfechos este funcionamiento– puede pensarse que obtienen beneficios equitativos. Él, por retener el exclusivo control sobre el dinero a cambio de satisfacer a su esposa con el blanqueo de una parte. El beneficio de ella podría estar dado por consolidar una seguridad económica sin cargar con ninguno de los contratiempos que suele generar la producción de dinero. Los dos creen hacer un «buen negocio», contando con que el otro «no se dé cuenta», asumiendo muy seriamente cada uno la responsabilidad monopólica de tareas distribuidas drásticamente por sexos según el sistema patriarcal tradicional. Ella no arriesga su salud y él no arriesga su poder económico.

Como en El Lazarillo de Tormes, el silencio debería despertarnos desconfianza en casos en donde hay alguien que obtiene o cree obtener beneficios a expensas del otro. En casos así, el silencio del otro puede llegar a ser un silencio víctima o un silencio cómplice. Si en la pareja uno de los dos calla por temor, también por temor tolera marginaciones y subordinaciones y asume un silencio víctima que marcará irremediablemente a la relación de pareja con la impronta del resentimiento. Si, en cambio, calla por conveniencia, dejando que el otro, entretenido en el usufructo de sus beneficios, se distraiga de prestarle atención, se convierte en un silencio cómplice que encubre mutuas estafas. Silencio cómplice que mantiene el equilibrio de un mutuo aprovechamiento. Porque querer al marido no es mimarlo «para que aguante», de la misma manera que querer a la mujer no es «conformarla» para que tolere de buen grado la dependencia. Ambos son caminos de destrucción.

En síntesis, la coincidencia silenciosa por la cual ambos aceptan la marginación de la mujer en lo que atañe al presupuesto, resulta sospechosa. ¿Sospechosa de qué? Sospechosa de estar encubriendo un aprovechamiento recíproco que convierte a dicha relación en una sociedad muy poco solidaria, ya que, en última instancia, cada uno mira por sí mismo y para su propio beneficio. La conveniencia de cuestionar este modelo de funcionamiento se basa en un criterio pragmático y preventivo. Todos podemos constatar que el resentimiento y la falta de solidaridad hacen de la vida en pareja una tarea árida y muy poco alegre. Y esas dos condiciones –y sus consecuencias– la convierten, irremediablemente, en una fuente de insatisfacción que afecta tanto a quienes la integran como a todos aquellos a los que alcanza la influencia de la pareja. Desde esta perspectiva, combatir las situaciones que contribuyen a perpetuar la hipocresía dentro de la relación (fundamentalmente los sistemas jerárquicos y de dominación) se convierte en una tarea preventiva de alto valor social.

5   «EL PROBLEMA ES CUANDO ELLAS EMPIEZAN A TENER DINERO», O LA ODISEA DE LOS ESPACIOS

Los comentarios siguientes provienen de varones esclarecidos acerca del poder del dinero y con suficiente coraje y honestidad para plantear al desnudo la dinámica del poder que a través del dinero se inserta en la pareja.

«Yo creo que el problema aparece cuando nuestras mujeres tienen dinero, porque entonces también aparecen los deseos de ellas. Ahí se arma la gorda, porque uno ya no es el único que decide con la pasta. Cuando el dinero es de uno solo existen problemas, pero al final se queda con la última palabra el que lo trae. El que trae el dinero es el que reparte las cartas.»

«Cuando en una pareja hay poco dinero, hay problemas, pero son de otro tipo. Cuando empieza a sobrar se complica mucho más porque cada uno quiere satisfacer sus propios sueños. Lo que es difícil en una pareja es administrar los sueños particulares de las dos partes.»

«Mi mujer y yo guardamos el dinero en un lugar común donde ponemos lo que cada uno gana. Pero hace años que escondo dinero y siempre tengo algún billetito en algún lado. Después de un tiempo me descuelgo en casa con la sorpresa de alguna compra importante. Supuestamente lo escondo para tener cuando me falte, pero he descubierto que en los últimos años era capaz de juntar bastante. Y luego esperaba el cumpleaños de mi mujer y compraba algo para la casa. Lo cual paradójicamente me trajo muchos problemas porque había empezado a juntar tanto dinero que no sabía cómo blanquearlo. Cuando compré muchas cosas juntas se armó el lío, y mi mujer, con razón, se quejó. No le molestaba que yo juntara dinero, sino que dispusiera libre y alegremente de algo que era de los dos. Yo no lo gasto para mí, lo invierto en la familia, pero me di cuenta de que uno de los motivos por el cual lo hago es por el simple y elemental poder que implica que yo disponga y ella no.»

La riqueza de estos comentarios surge de la feliz combinación que suele darse cuando se conjugan agudeza y sencillez. Si me apresurara a hacer una rápida síntesis del contenido de los mismos podría decir que el común denominador es la lucha por el poder. Y no me equivocaría, pero tampoco aportaría nada nuevo que nos permitiera comprender, por lo menos, de qué poder se trata. En esta oportunidad voy a centrarme en un aspecto del poder (implícito en cada uno de estos comentarios) que tiene una estrecha vinculación con los espacios. Fundamentalmente, con los espacios comprometidos en la relación de la pareja.

Voy a comenzar por una afirmación muy sencilla: las parejas se caracterizan porque comparten espacios. Pero no sólo comparten espacios físicos, también comparten espacios simbólicos. Así como los espacios físicos son los continentes que albergan las pertenencias materiales, los espacios simbólicos son aquellos por donde transitan las expectativas, ambiciones, proyectos, intereses, autonomías, dependencias y temores de cada uno. La unión de las personas que conforman una pareja instaura un nuevo espacio (real y simbólico) en donde intentan acomodarse tanto las pertenencias comunes como las individuales. De cómo cada uno consigue «hacerse un espacio» y de la proporción y/o equilibrio que logre establecer entre las expectativas comunes e individuales dependerá en gran medida la armonía sobre la que asentarán sus intercambios. Es posible pensar que la «toma de posesión» y mantenimiento del espacio real y simbólico se produce muy probablemente según una distribución que corresponde a los criterios implícitos con que cada uno concibe a la pareja.

79

Es posible pensar también que tal vez se lleguen a establecer tantas maneras de distribución como estilos de pareja, de acuerdo con un amplio espectro de matices que oscilan entre dos extremos: en uno de ellos, el espacio de la pareja es concebido como una fusión indiscriminada donde lo de cada parte es de ambos; en el otro, dicho espacio es la suma de dos unidades total y absolutamente diferenciadas. Entre ambos existe una variada gama de combinaciones, que incluye a los espacios comunes y a los individuales en muy distintas proporciones. Estas proporciones son las que dan cuenta de los grados de autonomía y/o dependencia de cada uno de sus miembros. Resulta bastante gráfico pensar el intercambio en la pareja como una relación entre espacios comunes y privados, que se delimitan mutuamente a través de múltiples recursos. Entre ellos, la utilización del dinero. La manera en que circula el dinero y la disponibilidad que sobre él tiene cada uno de sus miembros permite evaluar los grados de sujeción o autonomía y los grados de influencia (es decir, de poder) que cada uno ejerce sobre el otro. El dinero común representa espacios comunes. El dinero particular representa espacios personales. El predominio de un espacio sobre otro (de un dinero sobre otro) da cuenta de qué es lo que se privilegia en cada pareja. Si concebimos a la pareja como la conjunción de dos sujetos que comparten un proyecto común, sin que ello signifique la renuncia y/o desaparición de lo que cada uno tiene de propio, habremos de pensar que eso debería estar expresado en un equilibrio entre espacios que contemple tanto lo común como lo individual. Y la concreción de dicho equilibrio estaría representada por la existencia tanto de dinero común como de dinero individual. El dinero común sería aquel sobre el que ambos ejercen influencia y decisión, sobre el que ambos tienen derecho y cuya utilización requiere del consentimiento mutuo. El dinero individual es aquel sobre el que, de manera habitual, no se rinde cuenta y goza de una total autonomía para su inversión.

Ahora estamos en condiciones de volver a nuestros ejemplos e interpretarlos en términos de espacios. Cuando un hombre dice que «el problema empieza a aparecer cuando nuestras mujeres tienen dinero», debemos traducirlo de la siguiente manera, entre otras posibles: el problema comienza cuando nuestras mujeres, por disponer de dinero, se sienten con derecho a ocupar mayores espacios y a disponer de ellos haciendo uso de su propia movilidad (en sentido literal y figurado). Esto supone inevitablemente una redistribución de los espacios, una redistribución de los recursos y una redistribución de cualquier clase de influencias mutuas.

Cuando un hombre dice que «lo difícil es administrar los sueños particulares de las dos partes» está diciendo que lo difícil es dar cabida y conceder un espacio a aquellas aspiraciones y deseos que no son compartibles en y con la pareja. Los sueños particulares son justamente aquellos que, si pudieran suponerse, dejarían de ser particulares para convertirse en comunes. Son generalmente los que el otro acepta a disgusto o combate enardecidamente porque no coinciden con sus intereses, porque lo dejan excluido y porque consumen una parte de los recursos con los que se cumplirían sus propias aspiraciones. Cuando el dinero falta los sueños particulares transitan el espacio de lo irrealizable, y en ese espacio inexistente, la pareja está unida por una frustración compartida. Cuando el dinero sobra saltan a la luz los contratos implícitos y quedan al desnudo los criterios en que cada uno se basa para distribuir los espacios disponibles. *En este sentido, la existencia de dinero común y dinero «particular» da cuenta de la real distribución de espacios dentro de la pareja y de los grados de movilidad y autonomía que cada uno acepta para sí mismo y para el otro.*

Cuando un hombre (o mujer) se encuentra acumulando un dinero que no es blanqueado a los ojos de su compañera/o está expresando, en los casos en que no se trata de una franca estafa, la dificultad para disponer de una cantidad determinada de dinero con total autonomía. Se oculta dinero sobre el cual poder decidir por propia voluntad justamente porque ese deseo de autonomía es considerado ilegítimo. La vivencia de ilegitimidad proviene, en parte, del hecho de que ese dinero refleja nada más, ni nada menos, que la pretensión de retener para sí, aun estando en pareja, un espacio de autonomía. Suele suceder que estas pretensiones a menudo son vividas como una transgresión rotunda a la concepción de pareja, la cual supone que todo debe ser absolutamente compartido porque si no «no es una pareja», o es «una pareja que no funciona bien».[5]

En síntesis: el poder que supone la disponibilidad del dinero por parte de las mujeres (que es donde comienzan los problemas para muchos hombres) es el poder de no quedar reducidas a un espacio limitado, de hacer uso de la propia movilidad y de contar con recursos para estar en condiciones de llevar a cabo las transacciones necesarias y así lograr una distribución más equitativa de los espacios disponibles dentro de la pareja. *Se trataría simplemente de legitimar el derecho a disponer de «dinero particular» que hace posible la existencia de espacios propios, sin que ello suponga la renuncia a compartir con otro.* La legitimación de estos espacios propios requiere, entre otras cosas, salvar por lo menos dos obstáculos. Uno es la resistencia que ponen a menudo los varones por el miedo que despierta en ellos la posibilidad de autonomía en las mujeres.[6] El otro es la culpa que suele generar en las mujeres este deseo de autonomía, el cual suele ser vivido como un atentado a la unidad de la pareja.

Antes de pasar al tema de los presupuestos deseo dejar planteadas algunas reflexiones y abiertos algunos interrogantes. Cuando analizamos la compleja trama de los contratos implícitos que rigen las transacciones afectivas, sociales y económicas, surge con frecuencia la dificultad para la explicitación de los mismos. Tal vez uno de los mayores obstáculos surge de la presencia de un riesgo: explicitar el contrato es como jugar a carta descubierta. Y no todas las personas están dispuestas a un juego abierto o convencidas de su conveniencia. De todas formas, sea

5. El tema del «dinero que se esconde» ha sido objeto de un desarrollo más amplio en el capítulo 3.
6. No me refiero a las resistencias de varones que defienden sistemas de dominación, sino a aquellos que, identificados con un sistema más democrático, intentan establecer cambios en su propia concepción de la masculinidad. En un interesante y profundo estudio sobre las vivencias masculinas, el autor Donald H. Bell (1987) bucea en las vicisitudes de lo que llama la «paradoja de la masculinidad» y señala que los hombres, «divididos e inseguros (...) atrapados entre las viejas costumbres y las nuevas (...) en su intento por descubrir un nuevo concepto de la masculinidad deben recorrer un camino tan largo y áspero como el que recorrieron las mujeres». Y agrega: «Ninguna liberación, sea masculina o femenina, es pan comido».

cual fuere el estilo que adopten, los beneficios esperados van irremediablemente acompañados por costos. Con la intención de invitar a la reflexión voy a plantear la hipótesis de que el encubrimiento de los contratos implícitos participa de muchos de los aspectos que caracterizan al mecanismo de la negación. La negación es un mecanismo inconsciente cuyo principal atractivo consiste en evadir los aspectos ingratos de la realidad, los cuales, de no ser negados, obligarían al yo a realizar un trabajo activo para sortear aquellos obstáculos que interfieren con las satisfacciones. Como sucede con la mayoría de los mecanismos psíquicos, la presencia de ellos por debajo de cierto grado de intensidad resulta saludable e incluso necesaria. Por el contrario, su exceso va condicionando un alejamiento de la realidad que deteriora la fortaleza psíquica. Lo mismo podemos decir de los contratos implícitos. El principal atractivo de perpetuarlos estaría dado por las posibilidades que brinda el encubrimiento.[7] Entre ellas subrayamos dos: la de evadir ciertas responsabilidades y la de beneficiarse con la impunidad que otorga lo que no es asumido explícitamente. Dicho de otra manera: cuando un hombre o una mujer no expresan abiertamente en la pareja sus expectativas de intercambio, les es más fácil evadir la responsabilidad de lo que hacen y de lo que dejan hacer. Y frente al otro cada uno goza de la impunidad que surge de no estar «oficialmente enterado». Se trata de una impunidad que cada uno de ellos se toma y otorga.

Desde esta perspectiva, es posible comprobar entonces que algunas personas pretenden obtener algún tipo de beneficio con la negación y encubrimiento de los contratos implícitos, de la misma manera que obtienen beneficios de una enfermedad. Se trata de supuestos beneficios que brindan satisfacciones limitadas y generan grandes costos que sólo se aprecian cuando suele ser difícil dar marcha atrás. De manera similar a lo que sucede en las neurosis, se crean las condiciones de un deterioro progresivo, porque el alivio –superficial y transitorio– de no explicitar los contratos genera una acumulación progresiva de tensiones. La

7. El encubrimiento de los contratos implícitos favorece el malentendido, en el sentido en que lo plantean Puget y Berenstein cuando dicen: «El malentendido es una formación vincular con ligadura o predominio de agresión y muerte, registrada sea como ataque al vínculo o como la propia muerte». *Ibíd,* pág. 124.

delegación suele convertirse en dependencia y condiciona un empobrecimiento que robustece el poder en quien asume finalmente las responsabilidades que le han sido delegadas. La ilusión que se antepone a la realidad termina generando una progresiva vulnerabilidad. El presente negado condiciona un futuro nebuloso, frágil sustento para la alegría de vivir. La omnipotencia de no reconocer los límites se transforma en impotencia. Y el blanqueo postergado adquiere envergadura de estafa. Estos suelen ser algunos de los costos de aquellos supuestos beneficios que cuentan con la complicidad de lo no explicitado.

En síntesis, explicitar el contrato es asumir los límites propios y los del otro. Es poner al descubierto la distribución de roles. Es dirimir espacios comunes y espacios propios. Es evitar ocultarle a la realidad aquellos aspectos más incómodos. Es poner al descubierto nuestros proyectos personales (y su articulación con los de nuestra pareja). Ambas opciones —explicitarlos o evitar hacerlo— ofrecen distintos beneficios y generan también distintos costos. La diferencia entre una y otra opción radica en cuáles son los beneficios que cada sujeto valora como tales y cuáles son los costos que está dispuesto a pagar. Planteada la reflexión sobre los perjudiciales costos que genera el beneficio de ocultar surge un primer interrogante inevitable: ¿por qué no se combate el ocultamiento para contribuir a un intercambio que ofrezca posibilidades de mayor paridad en la pareja? ¿Tal vez porque existen intereses de orden ideológico? ¿Porque es una manera de perpetuar una determinada distribución del poder? ¿Porque asustan demasiado los posibles fantasmas que echarían a volar? Dejo abiertas estas inquietudes con la esperanza de encontrar interlocutores dispuestos a indagar estas complejas situaciones que de una u otra manera nos afectan a todos.

6 EL PRESUPUESTO, UN GRAN ALCAHUETE

No es mi intención tratar el tema del presupuesto desde un punto de vista económico ya que, sin ninguna duda, estarán más capacitados que yo para hacerlo los profesionales de las disciplinas afines. Me interesa abordar el tema del presupuesto desde un ángulo que focaliza ciertos aspectos que trascienden el mero ordenamiento de ingresos y gastos y la evaluación de los déficit y superávit. Los aspectos a los que me refiero incluyen fundamentalmente dos inquietudes: una, el modo y grado de participación en la elaboración, puesta en marcha y seguimiento del presupuesto dentro de la pareja, y la otra, la existencia de proyectos personales en dicho presupuesto. En otras palabras, me interesa indagar acerca de los modos y grados de protagonismo con el que participan hombres y mujeres en el presupuesto alrededor del cual organizan sus vidas.*

En los grupos con los que he trabajado pude observar que las ideas y vivencias acerca del presupuesto cubrían un espectro muy amplio cuyos múltiples matices intentaré reflejar. Basándome en ellos, comprobé que el presupuesto se presenta como una tarea que va en contra de las más caras aspiraciones de omnipotencia, magia y satisfacción ilimitada de deseos. Elaborar un presupuesto supone anticipar algo de lo cual muy pocos tienen ganas de enterarse. Revela cosas que no se quieren oír y de las cuales se preferiría no hablar. Obliga a pre-ver lo que tampoco se desea ver y quita la esperanza de beneficios sin costos que se expresan tan bien en el refrán: «A río revuelto, ganancia de pescadores».

Según las reflexiones recogidas podría definírselo de muy diversas maneras: como un mecanismo para registrar los ingresos y gastos; como una táctica para borrar sonrisas y provocar gestos adustos; como un aguafiestas que anticipa «lo-que-ya-sabemos-que-no-podemos»; como un colador cuyos agujeros se

---

* Defino el protagonismo como una actitud frente a la vida que se caracteriza por adoptar una participación activa en las distintas esferas. Esta participación es incompatible con la dependencia e inversamente proporcional a ella. El protagonismo supone asumir responsabilidades, hacerse cargo de sus consecuencias y tolerar ser el blanco de opiniones que no siempre son alentadoras y/o reafirmadoras. El protagonista pierde la protección del anonimato y gana en consolidarse como sujeto psíquico y social en la medida en que incluye su deseo en la interacción con los otros. El tema del protagonismo es particularmente espinoso para las mujeres que, educadas en la dependencia y para la dependencia, han ido conformando su subjetividad en la profunda convicción de constituirse en objeto del deseo de otro y no en sujeto de su propio deseo. Esta dificultad para constituirse en sujeto deseante ha sido ampliamente desarrollada en *Estudios sobre la Subjetividad Femenina*, Mabel Burins y colabs., GEL, Buenos Aires, 1987.

85

tapan con la tarjeta de crédito, como un instrumento de tortura para nuestro compañero/a. Es decir, se define a partir de todas aquellas situaciones vividas como inconvenientes que se generan a partir del presupuesto. No puedo dejar de señalar que me llamó profundamente la atención observar que en la casi totalidad de los participantes –en los diversos grupos en los que traté el tema– no aparecían comentarios que hicieran referencia a los beneficios y conveniencias derivados del presupuesto. Prácticamente nunca fue señalado (ni tampoco apareció en niveles profundos) el beneficio de ahorrar energías y dinero gracias a una planificación racional o la posibilidad de prevenir momentos ingratos mediante la evaluación anticipada de los recursos disponibles. Tampoco la tranquilidad de poder cubrir las necesidades más importantes por medio de una asignación de recursos según las prioridades establecidas o la satisfacción de lograr objetivos cuando se pueden prever adecuadamente por contar con un panorama presupuestario. De todas formas, *sea cual fuere la concepción con la que interpretemos el presupuesto, éste es un vínculo con la realidad. Es el gran alcahuete de nuestras posibilidades y limitaciones. Y es uno de los lugares privilegiados donde toman cuerpo los contratos implícitos.*

Así, el presupuesto aparece como una presencia indiscreta e inoportuna. La primera gran indiscreción consiste en poner en evidencia los límites. La segunda, desnudar las más recónditas aspiraciones de perpetuar la indiscriminación (y con ello mezclar e indiferenciar responsabilidades). Se vuelve inoportuno cuando neutraliza la magia con la que se intenta negar las asperezas de la realidad. Y finalmente por delante de los ojos, como dibujos animados que se estrellan contra un vidrio, todos los presupuestos acerca de la mejor manera de administrar el dinero y los prejuicios y desconfianzas sobre las capacidades de quien nos acompaña en la tarea de vivir.

Debo confesar que desarrollar este tema me resulta mucho más arduo que cualquiera de los ya escritos. Y creo estar en condiciones de afirmar que dicha dificultad no deriva de conflictos personales con el mismo. Habitualmente –y desde hace muchos años– elaboro mis presupuestos y me las arreglo con ellos con mayor o menor éxito. Sin embargo, percibo que escribir sobre el presupuesto es «meter el dedo en la llaga» y descender del nivel cómodo de las reflexiones y suposiciones teóricas al terreno supuestamente prosaico de la realidad y sus concreciones, las cuales hacen visible mucho de aquello que se pretende evadir y que pretenden amordazar preguntas indiscretas, como por ejemplo: «¿Cuánto tenemos? ¿Cuánto podemos con eso que tenemos? ¿Hacia dónde nos dirigimos? ¿Se comparte por igual el proyecto de vida que subyace en el proyecto económico que se utiliza? ¿Qué grados de movilidad y autonomía tiene en ese presupuesto cada miembro de la pareja? ¿Cómo resultan repartidos los espacios comunes y los particulares? ¿Cómo son y de dónde provienen las aportaciones? ¿Qué prerrogativas generan esas aportaciones? ¿Cómo se prevé la distribución de los beneficios?

Cuando una pareja se propone hacer un presupuesto, o mejor dicho, cuando una pareja después de haber hecho todo lo posible por evitar la inquietante tarea de «enterarse y planificar» aborda los números, se coloca en la situación de arriesgar sus respectivos mundos ilusorios y expectativas «inconfesables». Alguien decía: «Si haces las cuentas resulta que 5+5 son 10 y no 9 ni 11». Pero, sobre todo, se colocan ante la posibilidad de hacer explícito el complejo contrato implícito que subyace a la relación que ambos instauraron. En otras palabras, están ante la alternativa de decir lo que cada uno espera de sí mismo y del otro en cuanto a distribución de responsabilidades, asignación de roles, asunción de espacios, determinación de privilegios, utilización de prerrogativas, etc. Los comentarios siguientes ilustran algunos de estos aspectos:

«Yo siempre he tratado que mi mujer haga un presupuesto de lo que gastamos. Nunca lo conseguí. Yo sólo quería saber la cantidad de dinero que gasto. Yo sigo sacando hasta que llego al fondo. En ese momento aprieto el freno. Me doy cuenta de que es una locura cómo manejamos el dinero en casa. A las 8 de la mañana mi mujer me dice que le falta dinero y yo digo: "No tengo, ponlo tú". Con el tiempo llegué a darme cuenta de que yo soy tan desorganizado como ella. Es un problema de los dos, y sin embargo yo se lo atribuía a ella en exclusividad.»

«Aprovechando un viaje de mi marido me puse a hacer los balances mensuales de mi trabajo y con asombro descubrí que tenía grandes dificultades, a pesar de que hace años que trabajo y gano dinero. Me puse a pensar en la cuestión de los presupuestos y me di cuenta de que había cosas a las que yo renunciaba a ocuparme. Cuando volvió mi marido descubrimos que los dos habíamos estado pensando lo mismo, y entendí que si yo quiero que mi marido se ocupe de las emociones de mis hijos yo también me tengo que ocupar del dinero. No le puedo pedir a él lo que no soy capaz de hacer yo.»

«A mí me crea problemas –decía un hombre– hacer presupuestos. Porque cuando los hago me doy cuenta de que no sé de dónde voy a sacar el dinero que necesito para lo que quiero gastar. Sobre todo me molesta tener que esperar hasta el próximo mes.» Y otro agregaba: «Cuando las situaciones son adversas o complicadas yo no me quiero enterar. Me hago el loco por un tiempo, no hago presupuestos. Y cuando veo que ya puedo controlar la situación entonces paso todo en limpio y ahí lo afronto.»

7 Presupuestos, protagonismo femenino y proyectos personales

¿Cómo y cuánto participan las mujeres en los presupuestos? Sin duda es una pregunta cuya respuesta es difícil de generalizar. Sin embargo, es posible comprobar a nuestro alrededor una tendencia bastante marcada según la cual las mujeres evitan hacer presupuestos, se pliegan a los que hacen otros o rotundamente se niegan a ello. Esto no siempre puede achacarse a una «dificultad con los números» o a falta de experiencia con el dinero. Algunas hasta se vanaglorian de no hacer esa tarea que además de tediosa consideran «poco femenina». En otros casos resulta evidente que algunas mujeres se autoeximen de abordar los presupuestos económicos, para continuar gozando de las prerrogativas que ofrece colocarse en el lugar de la que «no sabe», de la que «no puede» o de la que «no entiende». Es decir, aprovecha los beneficios se-

88

cundarios que brinda la incapacidad, la cual instala a la mujer en la dorada cuna de la dependencia, cuna muelle que guarda celosamente tras sus barrotes los delicados «aspectos femeninos» que cristalizan antes de desarrollarse.

En otros casos, las mujeres suelen mantener una especie de «conciencia nebulosa» frente a la tarea presupuestaria que las lleva a aceptar sin cuestionamientos presupuestos que otros estipulan. Esta adhesión no impide sin embargo que se reserven el derecho de queja cuando dicho presupuesto no satisface sus requerimientos. Esta aparente adhesión suele ir acompañada de actitudes supuestamente condescendientes, que bajo una apariencia de aceptación pasiva, encubre un manto de hostilidad que no pasa inadvertida cuando aprendemos a interpretarla. Una mujer comentaba: «Cada vez que mi marido quiere saber cuánto necesito a la semana, yo no puedo contestarle porque no lo sé. Y casi siempre termino diciéndole lo mismo: "Déjame lo que puedas"». Y otra decía: «Yo no le hago planteamientos a mi marido. Si hay dinero gasto y si no me abstengo.»

Ante estos comentarios no podemos menos que preguntarnos cómo es posible que una mujer no sepa lo que gasta a la semana cuando viene realizando esa tarea durante años. Por otro lado, el «Déjame lo que puedas», además de delegar absolutamente en el varón la responsabilidad de evaluar lo que en realidad ella está en mejores condiciones de saber, se convierte, paradójicamente, en una prueba sutil de la potencia masculina. El hombre dejará «lo que puede» y al dejarlo se podrá saber hasta dónde muestra «que puede». Sabemos –sin que esto sea una sutileza sofisticada– que tanto el dinero como el coche adquieren para el varón claros significados sexuales. De manera que no resulta demasiado descabellado interpretar que esa petición de apariencia tan dócil y resignada se convierte para el hombre en algo así como un test de potencia sexual. Y de esa manera se transfiere a la cuenta del varón la impotencia de ella ante la incapacidad para hacer una evaluación económica de sus necesidades. Es posible también pensar que en más de un caso los varones –que en el nivel inconsciente pueden llegar a registrar la hostilidad encubierta y la factura que les endosan a su nombre– traten de resarcirse haciendo sentir el peso de su «no poder» cuando dejan menos de lo que ellas necesitan. El «Déjame lo que puedas» se convierte así en un juego de rebotes en donde cada uno evade asumir las dificultades propias de la tarea.

Pero aún tenemos otros casos. Por ejemplo, aquellas mujeres que se resisten a hacer presupuestos por miedo a que el marido diga «no». Una mujer comentaba: «Cuando mi marido me busca para hacer el presupuesto entre los dos yo me pongo muy mal y me escabullo. Me pongo violenta porque pienso que él va a empezar a limitarme y a decir, "Esto no va, esto tampoco"». El primer impacto que genera este comentario es la evidencia de una relación instalada sobre el miedo, un miedo complejo que, sin entrar a analizar los motivos que lo originaron y que lo perpetúan, pone de relieve la dificultad por parte de la mujer para plantear sus propios criterios en relación a los gastos y para fundamentar aquellos en los que no hay coincidencia; pero, sobre todo, saca a la luz la imposibilidad de hacerle frente a un «no» del marido. Resulta claro que la violencia que se desencadena en ella ante la simple propuesta de un abordaje conjunto es una reacción anticipada que responde a otras violencias anteriores, reales o fantaseadas, que trascienden al hecho concreto del presupuesto y probablemente también al marido concreto que lo propone.

Estos comentarios –que sólo son la muestra de un espectro mucho más amplio– nos presentan un panorama que se caracteriza por la limitación, deterioro o ausencia de protagonismo por parte de las mujeres en la tarea presupuestaria. Cuando profundizamos en el tema del protagonismo es posible descubrir que el mismo tiene muchas maneras de expresarse. En esta oportunidad, y en lo que respecta a los presupuestos, deseo plantear que el protagonismo se hace presente no sólo a través de una participación activa en los criterios con que se confecciona el presupuesto familiar, sino también a través de la inclusión de proyectos personales.

Los proyectos personales son aquellos que ponen en marcha las personas cuando rescatan algunas de sus aspiraciones de desarrollo individual. Para ello es necesario dar forma y planificar la concreción de algún objetivo que trascienda los límites del hogar y las satisfacciones comunes a la familia. Los proyectos personales –como todo proyecto– consumen tiempo, espacio, energías y dinero. Cuando los proyectos personales logran ser compatibles con la dinámica general y consiguen un equilibrio satisfactorio con el resto de las demandas familiares, revierten sobre todos y enriquecen el funcionamiento grupal. Obviamente, cuando plantean desequilibrios muy grandes, es igual que cualquier situación exagerada o desproporcionada en relación al entorno.

Es posible observar con frecuencia que las mujeres presentan muchas dificultades para plantear (¡¡no ya incluir!!) proyectos de este tipo en el espacio presupuestario. Aquellos proyectos que sólo satisfacen aspiraciones personales suelen ir omitidos o incluidos subrepticiamente y a menudo acompañados por una cantidad de justificaciones que no hacen más que levantar sospechas sobre su legitimidad y pertinencia. Son muchos los motivos que contribuyen a ello. Algunos están directamente conectados con los prejuicios que derivan de concebir que el lugar protagonista de la mujer no puede ser otro que estar al servicio de los demás, dentro del marco del ámbito privado y doméstico donde despliega un altruismo que –suponen muchos– es una condición natural de la feminidad. Suele haber una idea preconcebida por la cual se tiende a creer que los proyectos personales –sobre todo si son propuestos por mujeres– son proyectos «egoístas», que distraen las energías que toda «buena mujer» debería concentrar en la realización de aquellos exclusivamente familiares o relacionados con los maridos e hijos.

Otros motivos que dificultan la incorporación de proyectos personales en el presupuesto están relacionados con las dificultades propias que surgen de la tarea de concebir, programar y llevar adelante un proyecto. Pero más aún que las dificultades de la tarea en sí misma (que para el caso también afectan a los varones), quiero resaltar que hay algunas que adquieren un peso adicional para las mujeres. Me refiero concretamente a que asumir un proyecto personal supone exponerse. Supone también renunciar al anonimato y a estar incluida en los proyectos de otro. Y supone, fundamentalmente, desprenderse de la protección que brinda la dependencia, corriendo riesgos por cuenta propia.

Exponerse, salir del anonimato y renunciar a la dependencia

se convierten para las mujeres en desafíos que ponen a prueba las mejores intenciones, ya que en su gran mayoría las mujeres han sido educadas en y para la dependencia, e impulsadas a constituir una subjetividad acorde con estos condicionamientos. En consecuencia, disponer de un proyecto personal y llevarlo adelante supone una osadía que debe sortear por lo menos dos grandes obstáculos. Uno, el de autoconstruirse una legitimidad que le es negada socialmente; otro, el de otorgarse a sí misma un crédito de fiabilidad, difícil de obtener para quien carece de garantías por pertenecer a un «género devaluado».[8]

Un tercer obstáculo, no menos significativo, es el de superar la excesiva exigencia con que a menudo se flagelan las mujeres que aspiran a desenvolverse en el ámbito público. En esto las mujeres deberían aprender de la experiencia de muchos varones que, seguros de sí mismos, pueden autolegitimar incluso los proyectos más arbitrarios y tolerar, sin que en ello se les vaya la vida, que sus proyectos no alcancen ni el 50 % de sus pretensiones originales. Cuando planteo la necesidad de que las mujeres legitimen dentro del presupuesto un espacio económico y temporal para llevar adelante un proyecto personal, surge incontenible, como empujado por un resorte, el comentario inevitable: «Con una economía como la nuestra, totalmente imprevisible, cuyas vicisitudes inflacionarias ponen en crisis cualquier presupuesto, es irrisorio pensar en los proyectos personales de las mujeres. Lo primero es poner a salvo las necesidades de la familia y después viene lo demás». Es cierto que cuando las situaciones económicas son críticas para un grupo familiar no es sencillo –y a veces tampoco posible– dar espacio a los intereses de todos sus miembros. Pero no se trata de sacrificar a la familia en beneficio de uno solo, sino de repartir en forma equitativa los espacios posibles y los proyectos personales. En pocas palabras, se trata de instaurar y defender la democracia en la pareja.

En síntesis, el presupuesto es un gran alcahuete que pone en evidencia el grado de protagonismo de aquellos directamente implicados en él. Todos sabemos que el hecho de no elaborar un presupuesto no es obstáculo para gastar dinero, de la misma

8. Me refiero al concepto de Emilce Dio Bleichear citado anteriormente.

manera que tampoco se frena el transcurrir del tiempo y la vida porque decidamos no cumplir años. Pero la participación protagonista –tanto en el tiempo como en el dinero– marca una diferencia sustancial: el *que hace y participa se asume como poseedor de lo que dispone.* De esta perspectiva, la inclusión y defensa de los proyectos personales no son sólo una expresión del protagonismo sino al mismo tiempo la posibilidad de acceder al protagonismo. No es lo mismo ser actor que espectador. Los riesgos que corre el primero, y de los que está exento el segundo, son justamente los que otorgan trascendencia a la fugacidad de una representación.

8   A LA PAREJA TAMBIÉN SE LA PUEDE COMER EL LOBO

> *El bosque está lleno de peligros... y la ingenuidad también. Por eso a Caperucita se la comió el lobo.*

Escribir en la actualidad sobre aspectos conectados con el presupuesto, resulta una tarea particularmente ardua. Y si a eso le agregamos la pretensión de pensar temas profundamente irritantes para la moral tradicional, la tarea se vuelve aún más difícil. Reiteradamente pensé postergar y omitir este tema. Contaba para ello con sobradas justificaciones, todas racionales y objetivas. Se trata de que el tema está rodeado de tales prejuicios que abordarlo constituye una afrenta y un riesgo. Consciente de la dificultad, trataré de puntualizar el eje alrededor del cual gira esta parte del capítulo, de modo que pueda ser tomado como punto de referencia.

1. La idea principal es que una pareja funciona según un contrato que a menudo no está explicitado. En ese contrato se incluye la distribución de tareas y responsabilidades, como así también el permiso para disponer de los beneficios económicos.
2. En este contexto, el presupuesto se convierte en uno de los recursos económicos en donde se materializa una

parte significativa del contrato. Es decir, en el presupuesto se pone en evidencia –y se palpa– el contrato que subyace a la sociedad que forma dicha pareja.

3. En términos generales, los contratos de la pareja no son equitativos en muchos sentidos; pero sobre todo no lo son, por más que se quiera hacer creer lo contrario, en la disponibilidad de los beneficios económicos.

4. Tomando en consideración esta falta de equidad en la disponibilidad de dichos beneficios, desarrollaré algunos aspectos frecuentemente ignorados en la confección del presupuesto general, y que contribuyen en gran medida a dicha desigualdad.

Es posible que al hablar de presupuesto, cada uno tenga su propia idea de lo que es o significa. Para evitar malentendidos, voy a precisar, en palabras corrientes, de qué estoy hablando cuando me refiero al mismo. En términos generales, el presupuesto es una herramienta que permite tener un panorama de las aportaciones, gastos y ahorros posibles. Hemos planteado que las aportaciones son de dos tipos: aportaciones en dinero y aportaciones en servicios. En cuanto a los gastos es necesario tener en cuenta que existen gastos comunes que hacen al mantenimiento de la infraestructura familiar, y gastos personales que representan los grados de autonomía posible dentro de la pareja. En cuanto a los ahorros, la posibilidad o no de prever un excedente va a estar muy relacionada con los proyectos –compartidos o no– de la pareja. Confeccionar un presupuesto supone incluir todos estos aspectos y explicitarlos, lo cual lleva aparejado que surjan las diferencias, que se discuta sobre ellas y que finalmente se acuerde aquello que cada uno se compromete a respetar. La posibilidad de hacer explícito el presupuesto es un paso indispensable para dar cabida a un intercambio no discriminativo en donde ambas partes estén incluidas en las decisiones. Por último, la elaboración de un presupuesto permite discutir democráticamente los cambios, pues de lo contrario, cuando éstos se producen las consecuencias no explicitadas previamente, ni acordadas, generan malestares que, a menudo, deterioran profundamente la relación.

Cuando en páginas anteriores hablaba de los prejuicios, me refería a aquellos que aparecen cuando se pretende traducir en términos económicos ciertas actividades imprescindibles para sostener la estructura productiva de una comunidad. Ellas son, por un lado, la tarea doméstica; y, por el otro, el tiempo de dedicación al cuidado de los hijos (además de los ancianos y enfermos). Ninguna de estas actividades es contabilizada en los presupuestos familiares ni nacionales. Son actividades que despliegan casi exclusivamente las mujeres, incluso en aquellos casos en que tanto el hombre como la mujer trabajan fuera del hogar. Es posible observar, por ejemplo, que en los sectores menos pudientes de la sociedad es bastante frecuente que, cuando el hombre se queda sin trabajo y es la mujer quien sale del hogar, él no realiza las tareas hogareñas que quedan pendientes aunque no tenga otra cosa que hacer. Suele ser la mujer la que prepara la comida, deja la casa ordenada o la ropa lavada antes de irse o al volver, realizando así una doble o triple jornada de trabajo.

Tanto la realización concreta de tareas hogareñas, como la planificación y control de las mismas o el cuidado de los hijos y la atención (en el doble sentido de cuidar y de estar pendiente) de las múltiples actividades que rodean su crecimiento, consumen tiempo y energías. Son actividades imprescindibles cuya presencia se nota cuando no han sido cubiertas. Se da con ellas la gran paradoja de que prueban su existencia cuando están ausentes, como la salud, que se la percibe cuando falta. Son tareas que se transforman en invisibles a pesar de que consumen un tiempo medible y que requieren una cantidad considerable de energía física y psíquica. Uno de los motivos de su invisibilidad es que son gratuitas,[9] no son consideradas como trabajo. Nuestra cultura tiende a valorar como trabajo sólo aquel que recibe una paga. Todas las demás actividades entran en la categoría de *hobbies* o de «expresiones de amor».[10]

9. El tiempo invisible es el utilizado para realizar la «tarea invisible» que conceptualizó Isabel Larguía y que María Angeles Durán desarrolló a través de un meticuloso y rico análisis del trabajo de las amas de casa y de su incidencia en la economía.
10. En cuanto a lo gratuito, Christine Delphy señala «que la razón de que no se considere productivo ni se contabilice el trabajo casero reside en que se hace gratuitamen-

95

Las actividades domésticas son trabajo, de la misma manera que es trabajo llevar a los hijos a la escuela, al dentista, a las fiestas de cumpleaños o a las actividades deportivas. También es trabajo cuidarlos cuando están enfermos. Asimismo es trabajo administrar los cada vez más sofisticados bienes de consumo que suelen adquirir las familias de clases adineradas.[11] Sin embargo, y aun cuando muchas personas llegan a reconocer que estas actividades forman parte del circuito productivo, y por lo tanto deberían tener un equivalente monetario, es muy frecuente que surjan grandes resistencias y evidente malestar cuando una mujer reclama un sueldo por la prestación de estos servicios.[12]

---

te en el ámbito familiar: no es remunerado ni intercambiado de un modo general. Y ello no por la índole de los servicios que lo componen –ya que todos se encuentran en el mercado–, ni de las personas que lo ejecutan (puesto que la misma mujer que prepara gratis una chuleta en su casa es remunerada en cuanto lo hace en otra casa), sino por la naturaleza particular del contrato que liga a la trabajadora –la esposa– al hogar y a su *jefe* o cabeza». Y agrega que el «trabajo de esposa» sirve para ocultar la producción hogareña en la contabilidad nacional.

11.   Galbraith señala al respecto que «pasado cierto estadio, la posesión de bienes de consumo nos impone constreñimientos difícilmente tolerables, a menos de poder descargar ese cuidado en otras personas»; y agrega: «al aumentar el ingreso crece el volumen del consumo, que así se diversifica, y simultáneamente se ve aumentar el número y la complejidad de las tareas que implica la gestión del hogar. El reparto del tiempo entre las diferentes tareas que exige la dirección de la casa, la educación, los niños pequeños, las prendas de vestir, las relaciones sociales y otras formas de consumo se vuelve cada vez más complejo e ineludible. Y así, por paradójico que parezca, el papel de la esposa-sirvienta se va volviendo más y más arduo a medida que los ingresos de la familia crecen, salvo si ésta forma parte de la pequeña minoría que todavía emplea servidumbre asalariada».

12.   Los economistas saben que el trabajo doméstico está dentro del circuito productivo; sin embargo, la mayoría sigue con la tendencia bastante generalizada de no contabilizarlo ni remunerarlo. Aunque los economistas no niegan la importancia del campo de actividad que cubren las producciones domésticas, estas producciones son escamoteadas en los índices de contabilidad. Y así, señala Andrée Michel, «el producto nacional bruto (P.N.B.) excluía del cálculo de su valor la producción doméstica no mercantil; los índices de consumo excluían el consumo de esta última producción». De esta manera, continúa, «se llegaba a la paradoja que señalaba un economista canadiense: cuando un soltero utiliza a una empleada doméstica, el P.N.B. aumenta, pero cuando se casa con ella, el P.N.B. disminuye, porque "el valor" de esta producción doméstica ya no queda contabilizado en el P.N.B. aunque la producción total sigue siendo la misma». Andrée Michel señala que «estas tareas son una producción doméstica no mercantil que se vuelve invisible por obra de la sociedad mercantil que la borra de sus indicadores de producción». Y acota: «Pero si bien ese papel conyugal de la mujer sigue siendo glorificado, no es

Siempre recuerdo el comentario de una mujer que, al presentarle a su exmarido los gastos proporcionales en relación al hijo que tenían en común (cada uno de ellos cubría el 50 %), al agregar un 10 % sobre el total en concepto del tiempo que empleaba en llevarlo y traerlo de sus actividades, dicho exmarido exclamó indignado: «¿No te da vergüenza ponerle precio al tiempo que dedicas a tu hijo?» Lo que no dijo es que mientras su exmujer se ocupaba de llevar y traer a su hijo, para lo cual debía reducir su propio trabajo remunerado, él continuaba con sus actividades sin atentar contra sus ingresos. En un contexto distinto, pero con un sentido similar, una colega y amiga me decía hace poco: «¿Cómo no me va a dar vergüenza evaluar económicamente la tarea doméstica y el tiempo que utilizo para atender a mi marido y a mis hijos si cuando lo insinúo me miran como a una "arpía sin corazón"?» Y en otra oportunidad recibí el comentario de una paciente que, muy afectada por la intervención de un terapeuta masculino, me confió que mientras participaba en una terapia de pareja, habiéndose planteado el tema de cómo se distribuían las responsabilidades domésticas, el terapeuta afirmó categóricamente que ella, como mujer, no podía pretender repartir las tareas hogareñas y mucho menos reclamar un reconocimiento económico por el tiempo que les dedicaba, con lo cual dicho terapeuta legitimó las pretensiones del marido de contar con una atención personal y exclusiva en donde no había cabida para la reciprocidad. Es decir, legitimó una relación de pareja asimétrica y despareja.

Estos ejemplos son muy esclarecedores acerca de los prejuicios que subyacen en la idea de que el trabajo doméstico debe ser gratuito y ponen en evidencia algunas de las tácticas que contribuyen a perpetuar su vigencia. La indignación de un hombre porque su exmujer pretende asignar un valor económico al tiempo que dedica al hijo de ambos, condensa una serie de ideas que se superponen y contienen unas a otras y cuyo resultado final

---

tanto por rendir homenaje a las cualidades intrínsecas de ésta y a las funciones que desempeña como para enmascarar la producción de servicios domésticos y caseros que implica. El *inapreciable* valor de esta producción sirve para ocultar su valor económico y su relación con la producción mercantil» (pág. 48).

termina siendo una actitud terrorista. Veamos por qué digo esto. A partir de su exclamación, se desliza la idea de que el tiempo que la mujer reclama que le sea contabilizado, no es un tiempo de trabajo sino un tiempo de amor. Y como el amor no se cobra (a menos que..., y entonces se piensa en «la profesión más vieja del mundo») termina resultando vergonzante para una mujer pretender un equivalente económico por amor. No se necesita hacer demasiadas deducciones para entender que, en forma indirecta, se la está acusando de prostituta. Y esto es un comentario que adquiere dimensiones de terrorismo y que causa desastres emotivos y psíquicos tan siniestros en las mujeres como los de una bomba en plena ciudad.

En el segundo ejemplo, la mujer desiste de pretender que le reconozcan un equivalente económico por la tarea doméstica porque le resulta intolerable ir en contra del ideal de feminidad que enaltece el altruismo y el amor incondicional, so pena de aparecer como una «arpía sin corazón». En el tercero, nos encontramos con el súmmum del prejuicio «hecho a conciencia», ya que el terapeuta, imbuido de la autoridad que se desprende del lugar que ocupa y de su supuesto saber científico, hace uso indiscriminado (mejor dicho, bien discriminado) del poder para contribuir a perpetuar una relación de pareja donde se legitima para la mujer la servidumbre y la subordinación económica.

Como podemos apreciar a través de estos ejemplos, asignar un valor económico a las tareas domésticas se convierte en una pretensión vergonzante que es censurada y convertida en objeto de terrorismo intelectual y emocional.

El hecho de asignar a las tareas domésticas un valor económico, haciéndolas visibles, es anular su condición de «gratuidad», con lo cual se incorporarían a la categoría de trabajo. Otorgar a las mismas un equivalente monetario no significa que la mujer «cobre» al marido por realizar una tarea doméstica, sino instaurar un intercambio de reconocimiento mutuo por el cual se favorece una relación solidaria entre ambos sexos que permite valorar tanto el trabajo doméstico como el extradoméstico. Esta nueva valoración del trabajo doméstico contribuye a que las mujeres puedan sentirse con los mismos derechos que el varón para disponer en forma igualitaria de los beneficios económicos que produce la familia. Y aquí me hago eco de las palabras de A. Michel: «La milenaria exclusión de las mujeres siempre se ha producido por su exclusión de los valores dominantes de cada época: en la época teológica se decretó que no tenían alma, cuando el alma era más importante que el cuerpo; cuando el hombre descubrió el cuerpo, se lo negó a la mujer, creando una doble moral sexual; y finalmente, cuando dominan los valores productivos, se niega a los servicios domésticos de las mujeres un valor de producción y el equivalente monetario que tiene para la comunidad familiar, nacional e internacional».[13]

Con esto estoy muy lejos de plantear que sean trabajos equivalentes, porque si bien tanto el doméstico como el extradoméstico cumplen con una función esencial para desarrollar una estructura productiva, desde el punto de vista personal y psicológico no favorecen los mismos desarrollos ni generan las mismas consecuencias. Independientemente de la valoración social, el trabajo doméstico tiene características propias que lo convierten en un trabajo poco sano. Algunas de esas características son, por ejemplo, la rutina, el aislamiento, la frustración por realizar ininterrumpidamente una tarea que hay que volver a comenzar apenas terminada, el bajo nivel de estímulos para la creatividad, la inexistencia de desafíos que estimulen la superación y el desarrollo de habilidades, el horario continuo que dura 24 horas incluidas las noches, festivos y vacaciones, el estancamiento en el desarrollo de diversos aprendizajes (ya que dicho trabajo no requiere una capacitación específica), la incapacidad de adquirir un capital profesional que posibilite la independencia, etc. Estas son algunas de las características que hacen del trabajo doméstico una actividad nociva. Por ello es importante dejar muy en claro que el problema del trabajo doméstico no se resuelve solamente con otorgarle un valor económico. Es necesario llevar a cabo una redistribución de dichas tareas, de manera que no recaiga sobre uno solo de los miembros de la pareja todo el peso nocivo de la actividad doméstica. Este es el punto clave sobre el cual se asientan muchas de las discusiones en torno a la conveniencia o no de otorgar un sueldo al ama de casa. He aquí lo que

13.   Andrée Michel, *Ibíd,* pág. 171.

piensa Andrée Michel: Dice: «Dar un salario a la mujer por su producción doméstica en la familia o condenarla al trabajo profesional de media jornada en función de su sexo, sería encerrarla para siempre en su papel doméstico tradicional, sin esperanza de que se desenvuelva fuera del hogar ni de que haya un reparto equitativo de las tareas domésticas con el cónyuge».[14] Sabemos que las tareas domésticas son imprescindibles y al mismo tiempo nocivas. Como es inevitable que alguien las realice, deben cumplir con un requisito fundamental para contrarrestar sus perjuicios y, también, para no convertirlas en una táctica social que en forma desenfadada y explícita condene a la mitad de la humanidad al deterioro psíquico, la dependencia económica y la marginación social. El requisito es que sean repartidas entre ambos sexos pues el reparto más equitativo de estas tareas perjudiciales disminuye el grado de nocividad de las mismas. Al no ser asumidas en exclusividad pierden su contenido patológico. En otras palabras, se trata de una redistribución tanto de las cargas como de las gratificaciones. Se trata de una democratización de la tarea doméstica.

Evidentemente, si estas tareas estuvieran repartidas equitativamente no habría necesidad de asignarles un valor monetario, porque se neutralizarían en la medida en que cada uno utiliza por igual parte del tiempo de que dispone para ganar dinero, para capacitarse o para divertirse. Todos sabemos que el tiempo propio de que dispone cada miembro de la pareja es inversamente proporcional al tiempo que cada uno destina al sostenimiento de la infraestructura común. Y si uno de los dos invierte de su propio tiempo más que el otro para mantener lo que es de ambos, se instala entre ellos un sistema de mayor o menor explotación. En general, en nuestra cultura las tareas domésticas casi nunca están repartidas equitativamente. Suele ser la mujer quien las asume en su totalidad, o en gran parte de ella, aun en aquellos casos en que el compañero sea muy «colaborador».[*]

---

14. Andrée Michel, *Ibíd,* pág. 70.

[*] El término «colaborador» en este contexto designa a aquellos hombres que haciendo gala de lo que es calificado como «auténtica generosidad», contribuyen con algunas tareas domésticas que, se da por sentado, corresponden a la mujer. Este término resulta transparente al reafirmar que se trata de una tarea ajena al varón.

Es necesario tener presente también que, a veces, los beneficios de la tarea extradoméstica, para las mujeres, se vuelven esquivos y contraproducentes. Veamos por qué. El hecho de que el trabajo extrahogareño no vaya acompañado de una redistribución de las responsabilidades domésticas, a menudo genera en las mujeres sobrecargas, conflictos y situaciones paradójicas que llevan a las mujeres a renegar de los llamados «logros modernos». Muchas mujeres que salieron al mercado laboral, no impulsadas por una imperiosa necesidad de generar dinero sino por un anhelo de desarrollo y realización personal, se encuentran al poco tiempo con que han duplicado sus responsabilidades y sufren una sobrecarga que afecta a su eficiencia, su buen humor y su estabilidad emocional. Esto las lleva a pensar que «eso de la liberación de la mujer» que estimula el trabajo extradoméstico resulta ser una trampa, porque están más agotadas ahora que antes y, en ocasiones, eligen volver a los modelos tradicionales. Evidentemente se ha producido en esos casos una sobrecarga que convierte los beneficios anhelados en ingratos deterioros. Otras mujeres se vuelcan al mercado laboral con la intención de desarrollar aptitudes que las capitalice tanto en su realización individual, como en lo económico. Pero como a menudo les asignan un tiempo limitado, las mujeres no alcanzan una capacitación calificada, con lo cual el trabajo extradoméstico pierde sentido y renuncian a sus ambiciones. Así, las mujeres que se recluyen en la tarea hogareña eligen a menudo ceder esos espacios de perfeccionamiento. Con frecuencia son los maridos quienes adquieren la capacitación que los sitúa en mejores condiciones para ampliar sus oportunidades económicas, de las que podrán beneficiarse las mujeres siempre y cuando sigan estando a su lado.

En síntesis, la tarea doméstica ejercida por una sola persona es altamente perjudicial. Y ese perjuicio se potencia cuando se superponen las responsabilidades domésticas a las responsabilidades extradomésticas. Como hemos podido apreciar, la mejor solución no es renunciar a lo extradoméstico sino redistribuir lo doméstico.

Hasta aquí hemos abordado un aspecto del presupuesto que tiene que ver con las aportaciones de servicios y la frecuencia con que esas aportaciones no son consideradas como tales dentro del presupuesto. Antes de finalizar deseo dejar en claro que abordar el presupuesto y los diversos aspectos que se revelan a través del mismo es sólo un medio para llegar al fondo de la cuestión. *El fondo no está en el presupuesto en sí mismo, sino en el contrato que subyace en la relación de pareja.* La importancia del presupuesto reside en que es uno de los recursos privilegiados donde se «hace carne» el contrato y se expone en toda su desnudez. Privilegio la confección del presupuesto porque, además de brindar la posibilidad de «tomar conciencia», ofrece la oportunidad para encauzar o modificar viejos contratos. El presupuesto se convierte en un recurso de ida y vuelta que compromete a los dos en cuanto a la disponibilidad económica, evitando que dicha disponibilidad se desvíe por cauces poco pertinentes.

Si se pretende llevar adelante una pareja sin discriminaciones aberrantes, será necesario poner énfasis en la distribución equitativa de los beneficios y sobre todo en la disponibilidad equitativa de los mismos. Creo que uno de los puntos clave en la dinámica de la pareja, desde la perspectiva que abordamos, reside en *cómo se distribuye la disponibilidad económica independientemente de cómo se concreten las aportaciones.* En algunas parejas uno aporta dinero y otro servicios. En otras ambos aportan dinero y servicios en proporciones diversas. E incluso hay parejas en las que uno sólo aporta el dinero, sin requerir que el otro se haga cargo de los servicios. *Las combinaciones posibles son tantas como los estilos de parejas, pero es la disponibilidad equitativa de los beneficios económicos la condición necesaria para hacer posible una relación solidaria en donde la autonomía no sea sólo el privilegio de uno.*

En síntesis, al abordar un presupuesto, se pone en evidencia el contrato que subyace en la pareja. Generalmente, la tarea doméstica hace ostentación de su invisibilidad, justamente por ser omitida como aportación en servicios. Y se desenmascara la desigualdad frecuente de la disponibilidad de los beneficios económicos. El reparto equitativo de la tarea doméstica es una condición para neutralizar su carácter nocivo, y el reparto equitativo de los beneficios económicos otorga automáticamente un valor a dicha tarea. Ambas equidades son condiciones indispensables para instaurar y consolidar una relación paritaria, donde

102

la palabra «pareja» responda también a su contenido. Sin ello, se corre el riesgo de que la pareja sea devorada, como en los cuentos infantiles, por los peligros inherentes a toda relación, que se incrementan cuando no se los toma en consideración o cuando se los pretende tapar con la ingenuidad.

5
Breve exposición en dos actos sobre mujeres empresarias

Indagar sobre dinero me resultó siempre una sorpresa renovada que a menudo echó por tierra algunos de mis prejuicios, modificó expectativas y me abrió cuestionamientos. La indagación exploratoria que llevé a cabo con mujeres empresarias sobre el tema «El dinero en la pareja» no fue una excepción. Partí de una hipótesis: las mujeres que habían sido capaces de planificar, organizar, poner en marcha y llevar adelante con éxito una empresa –pequeña o grande– eran mujeres que, además de su capacidad profesional, habían resuelto convenientemente muchas de las dificultades domésticas que suelen presentarse con el dinero, ya que el mundo empresarial lo exige permanentemente. Por ello consideré que sería esclarecedor indagar en aquellas parejas en donde las mujeres tenían un rol de protagonismo importante en al ámbito público, la toma de decisiones y el acceso al dinero.

Los comentarios que a continuación expondré toman sólo algunos de los aspectos surgidos en relación al tema que nos ocupa. Tienen el valor de haber aparecido en el intercambio reflexivo de un grupo heterogéneo de mujeres con experiencia empresarial, que con desenfado y en un clima de confianza plantearon interrogantes y dudas, desnudaron prejuicios, evocaron situaciones dolorosas, expusieron intereses y aportaron con valentía y compromiso la riqueza de muchas vivencias inconfesadas. No pretenden en absoluto ser conclusiones acabadas, ni generalizaciones que impliquen a todas las mujeres empresarias. Son reflexiones surgidas del análisis de una experiencia acotada, y sólo tienen la intención de generar aperturas que favorezcan un mayor conocimiento para sortear con éxito algunos obstáculos que interfieren en las prácticas con el dinero.

ACTO PRIMERO: CURIOSA TENDENCIA A INCLUIR A LOS MARIDOS EN LAS EMPRESAS PERSONALES, LOS CUALES TERMINAN ADMINISTRANDO LO ECONÓMICO Y LO FINANCIERO

Decía Beatriz: «Mi marido se incorporó a mi empresa y como entiende de números lleva toda la administración. Desde que él está yo no tengo la información actualizada sobre los números. Hace unos días le pedí información sobre el balance y me contestó ofendido: "¿Desconfías de mí?" Y no era por desconfianza, simplemente quería saber, como lo haría con cualquier otro socio. ¿Por qué me contesta como marido cuando le pregunto como socio?»

Estela: «Yo tengo una situación similar. Cuando me casé mi esposo era socio de una empresa a la que le fue mal. Siendo soltera yo tenía una pequeña empresa que no continué porque mi marido no quería que yo trabajara. Al cabo de un tiempo su situación empeoró y yo me empecé a cansar de dedicarme exclusivamente a la casa. Empujada por la necesidad económica y las dificultades de mi marido alquilé un local, puse un taller y en menos de tres meses tenía 10 máquinas trabajando. A él le fue mal y vino a trabajar conmigo. Yo le delegué toda la parte del dinero y terminé sintiéndome muy mal porque soy la que tiene que luchar con la producción, el personal y todo lo doméstico de una empresa sin manejar nada del dinero. Cuando me encuentro deseando que mi empresa crezca me doy cuenta de que es porque quiero que él gane más dinero y sea superior a mí.»

Susana: «Mi marido se siente incómodo porque no está incluido en mi empresa. Y se pone peor cuando se da cuenta de que soy capaz de ir resolviendo sola los problemas sin reclamar su ayuda. A veces pienso que debería darle algún puesto, ¿pero cuál? Porque si le doy uno pequeño se va a sentir peor y si le doy uno de poder estaría cediendo espacios que nunca imaginé ceder cuando comencé con mi empresa.»

Mercedes: «Yo también tengo mi pequeña anécdota. Puse mi negocio con una socia. De pronto empezaron a meterse los maridos y se armó un lío espantoso. En ocasiones mi marido venía al negocio y como tiene mucha facilidad para las cuentas se ponía

detrás mío cuando estaba sumando algo y me cantaba el resultado antes de que yo terminara. Me hacía sentir tan insegura que
poco a poco le fui delegando todo lo referente al dinero.»

Estos son algunos de los comentarios que hacen referencia a
un hecho muy particular. Por diversos motivos, que a menudo
están asociados con que el marido atraviesa un período de dificultades laborales, algunas mujeres empresarias incorporan a los
hombres en sus empresas delegando aquellas funciones administrativas que lo colocan a él en condiciones de asumir el control
económico. El hecho de incorporar a los maridos a la empresa
que originariamente las mujeres instalaron y pusieron en funcionamiento no suele tener su equivalente en el comportamiento de
los hombres. No es frecuente que los hombres incorporen a las
mujeres a sus empresas porque les afecte verlas sin recursos
económicos. Es posible observar que en situaciones similares
existe una gran diferencia en las actitudes de hombres y mujeres.
La diferencia no sólo radica en el hecho de que ellas parecen estar
mucho más dispuestas a incorporar a sus maridos de lo que lo
están los hombres a incorporar a sus mujeres, sino también en
algo muy importante: cuando esto se produce los hombres suelen
acceder a los lugares de mayor poder y control del dinero mientras sus esposas asumen responsabilidades que mantienen distancia con el control económico. Es posible comprobar que a
menudo es el deseo de proteger al hombre lo que impulsa a las
mujeres a incorporarlo a la empresa. Y en este sentido resulta
llamativo constatar que, cuando se trata de proteger, parece que
las mujeres intentan hacerlo dando a los maridos oportunidades
de trabajo y recursos económicos, en tanto los hombres tende-
rían a proteger a sus esposas a través del suministro de dinero.
Ambos protegen, pero mientras las mujeres propician en sus
maridos condiciones de independencia, los hombres favorecen la
dependencia.

Este fenómeno por el cual los hombres incorporados a las
empresas de sus mujeres terminan asumiendo la administración
económica y financiera (y en consecuencia el control del dinero)
contribuye a establecer una distribución de tareas dentro de la
empresa que reedita la distribución tradicional del ámbito do-

méstico. Es decir, el varón sigue detentando el control sobre lo económico y la mujer debe acomodarse a dicho control repitiendo así un grado de dependencia similar al que con frecuencia se da en el hogar.

Una mujer comentaba: «Mi tarea en la empresa es de gran responsabilidad porque yo soy la que toma la decisión sobre el producto. Y de ello depende el éxito o el fracaso económico. Sin embargo, yo no tengo ningún vínculo con el dinero. De eso se ocupa mi marido.» Habrá que preguntarse cuál es el motivo por el cual las pautas contractuales que sirven para regir el intercambio laboral entre socios comunes no suele aplicarse entre socios que son, a su vez, cónyuges. Habitualmente, los socios comparten el control de lo económico independientemente de cómo se hayan distribuido el resto de las tareas. Y esto en gran medida ocurre porque cada uno sabe que a través de su participación en la gestión económica pueden preservar los grados de independencia y poder que derivan de su calidad de socios.

Cuando nos ponemos a reflexionar sobre estas situaciones, resulta evidente que si los maridos incorporados a las empresas de sus mujeres terminan ejerciendo el control de lo económico es porque cuentan con la delegación que las mujeres hacen en ellos. El hecho de que el varón esté tan bien dispuesto a colocarse en los lugares del control económico, puede explicarse fácilmente por la satisfacción que deriva de ejercer el poder que emana del control del dinero. En las mujeres, en cambio, el hecho de que estén tan dispuestas a ceder esos lugares no tiene una explicación tan transparente. Posiblemente haya que buscarla en los contenidos conflictivos que el dinero sigue teniendo para las mujeres, aun en aquellas que parecen «estar más allá» de la dependencia. E incluso también, como veremos ahora, en el significado especial que puede tener para ellas delegar el poder en los varones.

ACTO SEGUNDO: AMOR, AMOR, ¿... UN SENTIMIENTO CONDICIONADO?

«La mujer necesita siempre admirar al hombre con quien vive», decía una empresaria. Y refiriéndose a otra agregaba:

108

«Ella admira a su marido y lo ama porque lo ve superior.»

Esta no es una frase aislada. Es una entre muchas otras que aunque tengan formas distintas responden a un mismo contenido. El contenido hace referencia a la necesidad que expresan muchas mujeres de amar al hombre. Esto no debería ser nada nuevo, ya que la necesidad de amar a otro es una necesidad humana. Lo que resulta novedoso es que el amor, en esta oportunidad, aparece en algunas mujeres como un amor condicionado a poder sentir al hombre como superior. La superioridad se convierte en estos casos en una condición que compite con cualidades morales, intelectuales y afectivas. Incluso podríamos arriesgarnos a decir que la superioridad del varón se convierte casi en un atractivo sexual, como en el caso de Superman, que se vuelve irresistible por su poderío. Dentro de un contexto que atribuye tal atractivo a la superioridad masculina, es factible que la misma termine convirtiéndose en una condición necesaria para despertar y mantener el amor de las mujeres. Desde esta perspectiva, los hombres terminan prisioneros de la obligación de ser superiores y las mujeres prisioneras de la necesidad de contar con un hombre «superior». Sin esta condición el varón perdería atractivos y la mujer perdería al hombre como objeto de amor.

Si aceptamos esta línea de pensamiento podemos plantear como hipótesis que muchas de las mujeres empresarias que delegan los lugares de poder económico (y con ello condicionan parte de la superioridad masculina) lo harían impulsadas –entre otros motivos– por la necesidad de mantener en pie el mito de la superioridad masculina, que a su vez se convirtió en una condición necesaria para mantener vivo su amor por ellos. En otras palabras, muchas mujeres, en virtud de haber internalizado la superioridad masculina como un atractivo fundamental, intentarían mantener vivo dicho atractivo con el objeto de no perder estímulos para su amor. Un amor muy preciado que parece correr riesgos cuando los hombres atraviesan situaciones que deterioran su imagen de superioridad, como suele ocurrir en nuestro medio cuando un hombre sufre fracasos laborales. Es importante recordar que la superioridad no es intrínseca al individuo, sino que deriva de una concepción social que establece jerarquías entre los seres humanos y prioriza como valor un

109

modelo de relación autoritaria que justifica el ejercicio del poder de unos sobre otros. Aceptar las «superioridades» es aceptar también que existen «inferioridades». Y es dar un marco de «naturalidad» que legitima las jerarquías. Este contexto genera las condiciones para que se admiren determinadas clases, sociedades, religiones, etnias, etc., que son situadas en el nivel «superior» y se arrogan el derecho de poder sobre quienes son calificados de «inferiores».

En síntesis, desde esta perspectiva es posible pensar que cuando un hombre atraviesa situaciones que atentan contra el poder en que respalda su superioridad –sobre todo, fracasos laborales–, genera en algunas mujeres un malestar intolerable que las llevaría a ceder lugares de poder para mantener en pie el mito de la superioridad masculina. Si el amor al hombre resulta estar condicionado a verlo y sentirlo «superior», muchas mujeres se verán en la necesidad de crearle una superioridad y así no correr el riesgo de pasar por la vida con la aridez del desamor. Si aceptamos esta hipótesis, se explica –por lo menos en parte– el hecho paradójico que envuelve a aquellas mujeres empresarias que son capaces de demostrar independencia con la evidencia contundente de su eficacia para manejar con éxito una empresa y, sin embargo, caen en situaciones de dependencia al delegar el control económico de la misma en sus maridos.

ACTO TERCERO FUERA DE PROGRAMA: «AHORA HE APRENDIDO COMO HAY QUE MANEJAR A UN HOMBRE»

Hace un tiempo me contaron la siguiente anécdota: «Un amigo tenía dos empresas y como su mujer quería ocuparse de algo le cedió una que a él no le interesaba y que además tenía medio abandonada. Su mujer se hizo cargo, la sacó adelante y ganó mucho dinero con ella. Durante ese tiempo, él hizo malas inversiones en la que dirigía y se arruinó. Su mujer comenzó a darle dinero y él se sentía humillado. Meses después entabló relaciones con una empleada de su mujer y se fue de casa. Al cabo de un tiempo de sentirse mal, la mujer aceptó la situación y llegó a entablar, ella también, una nueva relación. Al enterarse, su ex marido empezó a buscarla como si de repente ella hubiera adquirido valor por ser capaz de estar con otro hombre. Finalmente, marido y mujer vuelven a estar juntos y la mujer hace el siguiente comentario: "Yo aprendí que a mi marido le gusta sentirse importante, creer que toma las decisiones y que dirige todo. Yo dejo que en la empresa él sea el presidente mientras me hago cargo de todo lo demás. Ahora he aprendido cómo hay que manejar a un hombre"».

Esta anécdota muy rica por sus contenidos e implicaciones, es una condensación de prejuicios en donde se ponen de relieve malos tratos, denigraciones, opresiones y simulaciones mutuas. El prejuicio masculino según el cual para un hombre es humillante recibir dinero de una mujer, va acompañado del prejuicio femenino de que a los hombres se los maneja «dándoles el gusto». Tal vez uno de los aspectos más significativos de esta anécdota resida en que se reedita, tanto por parte de la mujer como del hombre, un modelo de relación caracterizado por el predominio de la lucha por el poder. Un poder que no puede compartirse ni tampoco repetirse equitativamente, y que adopta la modalidad tradicional por la cual el hombre asume la titularidad del poder (ser presidente) y la mujer un lugar subordinado. Lo interesante es que así como la mujer cree que su marido no es lo que parece, ya que está convencida de que quien realmente detenta el poder («desde atrás») es ella, es muy posible que también él esté convencido de que «la deja hacer» para que no moleste. Y en esta actitud displicente de aparente aceptación mutua se encubre la denigración de que es objeto el otro, o la otra, cuando se lo trata casi como a un tonto que no se da cuenta de lo que pasa a su alrededor.

Tal vez la expresión «Ahora he aprendido cómo hay que manejar a un hombre», sea una de las más esclarecedoras de la trampa en que caen algunas mujeres cuando en lugar de explicitar las mutuas pretensiones de poder y distribuir en un juego abierto las responsabilidades y las jerarquías según las reales capacidades de cada uno, aceptan las propuestas tradicionales que ofrecen la simulación como táctica privilegiada. Una simulación que hace creer a las mujeres que bajo la piel de cordero se maneja el poder. En el momento mismo en que lo creen se condenan a seguir disfrazadas de cordero, lo cual las convierte en el blanco del repudio que la misma simulación genera.[1] La frase en cuestión, que seguramente puede ser analizada desde muchos otros ángulos, también admite la siguiente traducción:

«Ahora he aprendido cómo hay que manejar a un hombre que cree ser lo que no es mientras yo aparento ser la que tampoco soy».

1.   Remito al capítulo sobre «El poder y las mujeres», que desarrolla con mayor amplitud algunos aspectos de los recursos de poder que suelen ser atribuidos a las mujeres y a menudo asumidos por ellas.

6
El poder y las mujeres

En un libro cuyo eje son las relaciones que derivan del manejo del dinero resulta insoslayable abordar el tema del poder. Y como la óptica elegida apunta a replantear las relaciones tradicionales entre los sexos, en esta oportunidad intentará abordar específicamente algunos aspectos de las relaciones entre las mujeres y el poder. Se trata de un tema indiscutiblemente complejo y multifacético, particularmente sensible según la postura ideológica desde la cual se aborde. En esta oportunidad deseo contribuir a la comprensión de alguna de sus complejidades desde una óptica que propone una concepción paritaria en la distribución del poder. Con esta intención abordaré la problemática de la distribución de las esferas de poder asociadas al género, de los recursos frecuentemente utilizados por mujeres, y finalmente incluiré algunos aspectos relacionados con las vicisitudes que deben afrontar aquellas mujeres que deciden introducirse en el área del poder público.

1.   PENSAR EL PODER

Pensar el poder –como mujer, aquí y ahora– es recorrer un camino sinuoso, lleno de obstáculos y encrucijadas equívocas que me obligan a revisar permanentemente las conclusiones a las que voy llegando. Revisión en soledad pero no solitaria, pues me acompañan las voces de muchas otras mujeres que a partir de sus experiencias y en pleno ejercicio de sus vidas públicas y privadas expresan sus expectativas, temores y reflexiones con toda la diversidad de sus estilos y convicciones ideológicas. La confrontación de la diversidad, incluidas las disidencias, fue fortaleciendo mis búsquedas. En ese sentido, la invitación a participar en el seminario que organizó el Ayuntamiento de Barcelona, y un mes después, en Buenos Aires, en una mesa redonda sobre «Las mujeres y el poder», se convirtieron en experiencias enriquecedoras que me llevaron a repensar algunas de las ideas ya elaboradas y a formular otras que me planteaban alternativas novedosas.[1] Y con este espíritu voy a abordar desde un ángulo específico la problemática del poder en las mujeres. Mi deseo es la comprensión de una situación compleja y con ello favorecer condiciones de cambio que hagan posible transitar caminos no regidos por la discriminación. En este capítulo, que es una versión modificada y ampliada del trabajo presentado en Barcelona, plantearé dos ideas. En primer lugar, que el poder público está implícitamente sexuado en nuestra cultura, y en segundo lugar, la existencia invisible (¿invisible?) de «otro» paradigma de poder atribuido y asumido por las mujeres.

La observación de los fenómenos sociales evidencia en forma reiterada que el poder es un fenómeno siempre presente en toda interacción humana. El modo en que el poder está distribuido da cuenta de los lugares que los integrantes de la comunidad ocupan en la interacción social. La sumisión de la mujer y su marginación pública y económica demuestran que son los varones quienes han sido y continúan siendo privilegiados con la distribución del poder. Es de suponer que esta situación se mantendrá en la medida en que las mujeres sigan ausentes de los lugares de poder, a los que no se accede simplemente por decreto. Así como el derecho al voto no fue garantía para que las mujeres accedieran al ámbito político, ni la independencia económica es garantía de autonomía, de la misma manera la conciencia de la opresión y marginación lograda a partir de los movimientos de liberación de la mujer no fue suficiente para desarticular las bases sobre las que aún se asienta la exclusión de las mujeres del poder público. Resulta entonces claro que para cambiar las reglas de juego del

1. En Barcelona, el seminario «20 años después de los Women's Libs», octubre de 1988. En Buenos Aires, en el marco de las jornadas realizadas por Alternativa Feminista, noviembre de 1988.

poder es necesario también desentrañar las creencias profundas que dieron sustento a esas reglas. Y dichas creencias están íntimamente ligadas a los paradigmas que las expresan.[2]

Así como existen paradigmas de género de los cuales se ha hablado mucho, existen también paradigmas de poder asociados al género. Estos paradigmas están incorporados a niveles inconscientes y tienen la fuerza de las creencias. Por ello siguen siendo los que orientan y determinan el comportamiento de las mujeres, a contracorriente inclusive de los cambios sociales y de las convicciones racionales en favor de la desexuación del poder.

Cuando hablo de desexuación es porque doy por sentado que existe una sexuación del poder, de la misma manera que existe una sexuación del dinero. Esta sexuación del poder se asienta no sólo en el ejercicio tradicional del poder público por parte de los varones, sino también en una creencia profunda, en el nivel inconsciente, de que dicho poder es una prerrogativa masculina.

Como consecuencia de esta sexuación sale a la luz un paradigma paralelo y complementario, referido a «otro» poder que estaría adscrito a la mujer y a lo femenino.

Pensar acerca del poder desde mi ser mujer y tratar de desvelar sus misterios es una aventura de alto riesgo, fundamentalmente porque no resulta inocuo levantar los velos que ocultan los cimientos de nuestros apoyos tradicionales. Hacerlo genera dificultades de las que ya han dejado constancia otras autoras.[3] Estas dificultades, con las que yo también he tropezado, no deben ser menospreciadas pues provocan temores bien fundados y exacerban fantasmas.

2. Para el concepto de paradigma transcribo el elaborado por Rosario Lorez Arnaiz: «En epistemología llamamos paradigmas a esa visión de la realidad que está interiorizada en nosotros y que se expresa en nuestros conceptos; son nuestros supuestos más generales y, al mismo tiempo, más recónditos, a menudo inconscientes» (Hacia una epistemología de las ciencias humanas, M. del Rosario Lorez Arnaiz, Ed. de Belgrano, Buenos Aires, 1986).

3. Así lo señalaban Paula Websber y Ester Newton (1979) refiriéndose a las dificultades que encontraban en muchas autoras que intentaban abordar el tema del poder: «Es posible que la idea misma de la mujer en posesión del poder las turbara» (pág. 85), agregando que «para llegar a una nueva comprensión de la mujer en la sociedad, tendremos que forzar algunas de las viejas fronteras hasta sus límites y crear paradigmas nuevos en el proceso».

Para una mujer, pensar acerca del poder supone asumirse como transgresora del poder instituido y además tolerar grados de violencia interna.[4] Tolerar, por ejemplo, la violencia que despierta la conciencia de la exclusión o la que genera la impotencia de un aprendizaje del que aún se carece. Pero lo más difícil de tolerar es ese dolor sordo que produce la actitud que adoptan muchas mujeres cuando optan por ser condescendientes y permisivas frente al poder masculino con el objeto de retener y defender la ilusión de otro poder. Así, defendiendo ese poder erigido como baluarte, frecuentemente pasan por la vida sin darse cuenta de que son los hombres quienes determinan la historia y, con ello, la forma de pensar sobre las mujeres.

2. LA EXISTENCIA DE «OTRO» PODER

En mis indagaciones sobre el tema del dinero me llamó profundamente la atención encontrar diferencias tan marcadas entre hombres y mujeres acerca de la manera de abordar el tema del poder. El poder, indiscutiblemente, subyace en toda reflexión sobre dinero. Sin embargo, y a pesar de su omnipresencia e inevitabilidad, cuando las mujeres reflexionan, el poder es como un fantasma ausente. En boca de los hombres, por el contrario, aparece con una naturalidad desenfadada: hablan explícitamente sobre él y reconocen sin sombras de duda al dinero como uno de sus instrumentos privilegiados. Se vanaglorian de ser sus portadores, convencidos de que así garantizan su seguridad futura y tienen a su disposición todo lo comprable y la posibilidad de imponer condiciones. No ocultan ni disimulan el placer que les provoca el poder emanado del dinero. El poder de decisión, el poder de compra, el poder de imponer autoridad. En mis experiencias con grupos de hombres, la vergüenza, el pudor o la culpa en relación con las ambiciones de poder fueron sentimientos más

---

4.   El tema de la violencia fue desarrollado por varias autoras, cubriendo diversas áreas del pensamiento y la práctica social, en el libro *Mujer y violencia* que pronto editará Sudamericana. En él desarrollo un capítulo que aborda el tema de la violencia que se ejerce sobre las mujeres a través de la dependencia y la contraviolencia resultante.

bien ausentes. Los hombres pueden llegar a cuestionar el costo de su ambición de poder y hasta decidir cuál es el mejor negocio para cada uno de ellos, pero la ambición de poder en sí misma no es puesta en tela de juicio. El poder aparece en las reflexiones de los varones con la ingenuidad de lo que es vivido como natural. Cuando los hombres comienzan a reflexionar sobre dinero, lo primero que explicitan –como una obviedad– es su poder subyacente. En síntesis, *los hombres reconocen en el dinero al poder, lo explicitan y lo toman como punto de partida de toda reflexión válida sobre dinero.*

Si yo me detuviese aquí, sería lícito pensar que mis conclusiones no tienen nada de extraordinario, pues, «como todo el mundo sabe», hablar sobre dinero es abordar el tema del poder. Y tal vez yo misma no hubiera encontrado nada llamativo de no haber tratado el tema del dinero con mujeres mucho antes que con los hombres. Curiosamente, en los grupos de mujeres el tema del poder –ése al que aluden los varones y que constituye el paradigma de poder que supuestamente todos compartimos– aparecía tardíamente. Y no sólo tardíamente, sino también soslayado. Las mujeres postergaban el tema del poder, lo omitían o encubrían detrás de otros temas supuestamente «muy femeninos», como sus vínculos con los padres, las relaciones afectivas con sus parejas, las modalidades de interacción con los hijos, los sentimientos de culpa frente a las ambiciones económicas o el pudor que rodeaba los temas del poder relacionados con el dinero.

Resultaba sorprendente comprobar una y otra vez que la conciencia del poder emanado del dinero requería en las mujeres una elaboración previa. Lo que yo recibía a lo largo de la tarea era algo así como una cierta «despreocupación». Como si estuvieran «distraídas» por el tema del poder. Esta despreocupación resulta desconcertante cuando se contrasta con las subordinaciones a las que se prestan muchas mujeres y con los abusos de poder que suelen tolerar sobre ellas. Resulta interesante cierta coincidencia con lo que Judith Astelarra observó –desde un enfoque distinto– como «desinterés» de las mujeres respecto de la participación política.[5]

5.   En «Estudio sociológico sobre la mujer ante la política y el feminismo», IDES,

Creo que seríamos ingenuos si creyésemos en esa distracción. Mi trabajo diario con mujeres en el consultorio psicológico y en los grupos de reflexión, me ofrecen indicios para pensar que las aparentes «distracciones» de las mujeres en relación al poder tradicional no sólo se deben a la inexperiencia y a los obstáculos para abordar el tema del poder. Hay indicios según los cuales muchas mujeres estarían colocando en «otro» lugar el foco en el que para ellas reside el poder. «Otro» lugar que no es el del poder tradicional que ejercen los varones. Que no está situado en el ámbito público, sino un lugar ancestral al que reconocen como propio y donde asientan sus derechos. Podemos pensar, tal vez, que esta aparente despreocupación por el poder público es, en gran medida, el resultado de creer que para las mujeres el poder «está en otro lado». Y esa creencia, consolidada a través de prácticas perfeccionadas con los siglos, habría finalmente delimitado otro espacio de poder y un paradigma correspondiente a dicho espacio. Entraría a jugar en la completa trama de lo que Foucault llamó la microfísica del poder.[6] Este «otro lugar de poder» al que me refiero es justamente uno de los que están fuera de los límites jurídicos del poder, aun cuando esté legitimado desde la supuesta naturalidad de lo que está adscrito al género femenino. Tratemos de ver entonces de qué poder se trata y cuál es el paradigma que lo acompaña.

3. EL LLAMADO «PODER OCULTO»: UN PARADIGMA FEMENINO DE PODER

El poder instaurado por los hombres con paradigmas que se expresan y representan en la figura masculina excluyó a la mujer del poder público. Y esta exclusión, además de perpetuar la subordinación de la mujer, contribuyó a que las mujeres instau-

---

1986, realizado por el Instituto de la Mujer. España.

6.   Hago mías sus palabras cuando señala que (...) «es necesario coger al poder en sus extremidades, en sus confines últimos, allí donde se vuelve capilar... allí donde saltando por encima de las reglas de derecho que lo organizan y lo delimitan, se extiende más allá de ellas, se inviste en instituciones... en otros términos, asir siempre al poder en los términos menos jurídicos de su ejercicio» (pág. 142).

118

raran otro espacio de poder a través del cual sobrevivir de alguna manera como sujetos. La instauración de otro espacio de poder les posibilitaba erigir dentro de ellas un lugar protagonista y confiar lo suficiente en ese protagonismo como para hacer frente a la indignidad social de no ser consideradas como sujetos de la historia. Así lograron sobrevivir en horas aciagas muchas de las mujeres que nos precedieron, desempeñando un protagonismo «entre bambalinas» (valga la contradicción), que da pie a ese conocido refrán según el cual «detrás de un gran hombre hay siempre una gran mujer».

Pero es importante señalar que lo que en otras épocas funcionó tal vez como un recurso de supervivencia (era el único protagonismo que no ponía en riesgo la existencia) se ha transformado en la actualidad en uno de los factores que perpetúan la marginación de las mujeres respecto del poder público. El mito del «poder oculto» condensa muchas de las estrategias del contra-poder de que se valen las mujeres. Y a su vez es tomado como fundamento de lo que se considera el ejercicio del poder «típicamente femenino».[7] De esta manera, el círculo encierra a las mujeres, que terminan prisioneras de su propio mito. Creo que es fundamental analizar el alcance real del llamado «poder oculto» (que no es tan oculto ni ejerce tanta influencia), elevado finalmente a la categoría de mito. En mi experiencia con los grupos de mujeres, ese mito, al igual que lo que señala Joan Bamberger respecto del mito del matriarcado, «es (...) un instrumento utilizado para mantener a la mujer en su lugar». En otras palabras, ese mito se convierte en una trampa, tanto más poderosa en la medida en que las mujeres son las primeras en creer en él y en la medida en que el mito –como ya sabemos– condiciona y determina el presente.[8]

7.   Este tema fue abordado por mí en el capítulo «Los hijos son míos y el dinero es tuyo», en referencia a la particular distribución del poder que asimila a los hijos con el dinero como instrumentos equivalentes de poder. *El sexo oculto del dinero*, GEL, Buenos Aires, 1986.

8.   En un interesante trabajo acerca de la dominación de las mujeres a partir de los mitos fundadores de la cultura occidental el psicoanalista Eduardo Colombo señala que «... el mito habla del origen y del destino, pero organiza la representación actual; el mito es una versión a-histórica del significado central del presente histórico». Y agrega: «El sacro universo de lo político se coloca bajo el signo de la Santa Trinidad: el poder, la ley y el sexo. Tres simbologías diferentes y una única verdadera opresión».

Este mito toma forma en el lenguaje popular gracias a expresiones según las cuales «a los hombres hay que dejarlos seguir adelante porque total, desde atrás, las mujeres hacen lo que quieren». Comentarios de este tipo son frecuentes en boca de mujeres concretas que recurren a mecanismos considerados muy «femeninos» para ejercer su influencia. Esa influencia que muchas logran –y a veces con notable éxito– hace referencia a un poder que se ejerce entre bambalinas, desde donde supuestamente se manejan hilos sutiles para hacer que los hombres satisfagan los deseos de las mujeres. Es un poder que emerge desde un espacio oculto o semioculto situado en el ámbito privado y doméstico, y que utiliza recursos muy distintos a aquellos utilizados en el ejercicio del poder público. Estos recursos no están centrados, por ejemplo, en el dinero, en el prestigio, en el conocimiento científico, en el control de las armas o de la religión. Se trata de recursos derivados de los sentimientos, de los afectos, de la contigüidad corporal, del erotismo. Estos recursos no cuentan con un espectro amplio de influencia, pues se aplican en un radio circunscrito y limitado a personas conocidas con las que se tiene un vínculo directo.

En síntesis, este poder al que me refiero, asignado y asumido por las mujeres, es un poder que sabe a hogar, que huele a afectos, que palpa cuerpos y proximidades, que adquiere el color nebuloso de lo que se oculta detrás de un vidrio oscuro, con una textura escurridiza que tiene la legitimidad de lo marginal, que genera vinculaciones tortuosas (fácil blanco de posteriores reacciones hostiles) y que fatalmente reedita comportamientos de sumisión en los que quedan atrapados tanto quienes lo ejercen como quienes lo padecen. Dicho de otra manera: es el poder del contrapoder el cual, entre otras muchas limitaciones, tiene la de no contar con la legitimación del reconocimiento social, como le sucede, contrariamente, al poder público.*

---

* Es coincidente con las reflexiones de Rossana Rossanda cuando señala que «las mujeres son expertas en los poderes basados en la idea de amor, de afecto, de seducción (...) y que (...) el costo invisible de este dominio es la pérdida de poder civil, o viceversa». *La Razón*, 22/8/85, Buenos Aires.

4. RECURSOS «FEMENINOS» DE PODER: GENERAR CULPA Y SEDUCIR

He podido observar y comprobar reiteradamente que el ejercicio de este llamado «poder oculto» muy a menudo se vale de la utilización de recursos peculiares, entre los que se destacan dos. Uno consiste en generar culpa en aquellos sobre los que se ejerce influencia; el otro se ejercita mediante el uso de mecanismos de seducción. Aproximémonos al primero:

La amplia literatura psicoanalítica da cuenta de lo perjudicial que resulta la acción de los sentimientos de culpabilidad. Estos sentimientos de culpabilidad fueron descritos por Freud en un sentido amplio, que va de un estado afectivo a consecuencia de una acción vivida por el sujeto como reprochable, hasta un sentimiento difuso de indignidad personal sin relación con un acto preciso del cual el sujeto se acusaría. Muy frecuentemente este sentimiento da cuenta de fracasos, conductas delictivas, sufrimientos e incluso enfermedades, llegando en casos extremos a la muerte (Laplanche-Pontalis).[9] En términos muy escuetos y sencillos podemos decir que el reproche está en la base de los sentimientos de culpabilidad, contribuyendo a generarlos. Dichos reproches pueden provenir de una persona concreta ajena al sujeto, o de la propia interioridad. Al mismo tiempo pueden ser explícitos o implícitos, conscientes o inconscientes. Los reproches producen en el destinatario una sensación de malestar semejante a la vivencia de «sentirse culpable». Ese «sentirse culpable» muy frecuentemente es vivido como «estar en deuda con». Y quien está en deuda –como consecuencia inevitable– participa de una situación de dependencia que en mayor o menor grado lo pone «en manos de quien reprocha», el cual, en virtud del vínculo afectivo existente, puede hacer valer una reclamación que en ocasiones adquiere el peso de un poder difícil de evadir.

Nuestras relaciones cotidianas están plagadas de reclamaciones y reproches que surgen de la compleja red afectiva en que nacemos y crecemos. Esa red afectiva tiene su espacio privilegiado en el ámbito doméstico y su asiento en los vínculos interperso-

---

9. Laplanche-Pontalis, *Dictionaire de la Psychanalyse,* PUF, París.

nales más arcaicos y primarios. En consecuencia, resulta bastante claro que aquellas personas cuya existencia está predominantemente marcada por el establecimiento de vínculos primarios (y estructuran su subjetividad con este predominio) tenderán a padecer y, a su vez, a hacer uso de los recursos que derivan de la lógica de los afectos en su interacción con los otros. Si bien esto no es privativo de las mujeres, resultan ser las mujeres quienes, condicionadas a adquirir una identidad de género basada en la identificación mujer = madre, en un intercambio regido por la lógica de los afectos y circunscritas al ámbito doméstico, son más proclives a instrumentar los reproches sobre aquellos en quienes se desea influir. Los reproches se convierten de esta manera en instrumentos privilegiados con los que intentan ejercer el poder todos aquellos que tradicionalmente estuvieron condicionados a desarrollar su conocimiento y habilidad en los laberintos del afecto.

En síntesis, la manipulación del reproche que promueve y genera en los otros sentimientos de culpabilidad, llega a convertirse en un instrumento de poder en virtud de la dependencia que genera en quien se siente culpable y del control que sobre él se ejerce como consecuencia. Nadie duda de que el dinero se presta maravillosamente a ser utilizado como instrumento de poder en virtud de la presión y el control que es capaz de ejercer. Lo mismo sucede con los reproches, aun cuando éstos no tengan la misma materialidad palpable que el dinero. No por ello dejan de ser menos eficientes.

Cuando aguzamos nuestro oído con la intención de descifrar el murmullo que se expande a nuestro alrededor, es posible descubrir una cantinela permanente de reproches, que van desde formulaciones explícitas y abiertas hasta otras más refinadas y sutiles. Muy frecuentemente esos reproches culpabilizadores suelen encontrarse en boca de las «madres», que reclaman de sus hijos un lugar prioritario, exclusivo y excluyente. Estos reproches, que parecen hundir sus raíces en la compleja red materno-filial, suelen adquirir formas y matices diversos que se acomodan a distintos destinatarios. No es poco frecuente encontrar también que estos reproches son formulados por algunos hombres y por aquellas mujeres que se comportan con sus maridos como si

122

éstos fueran sus hijos. Lo significativo no es que se trate de una madre concreta reprochando a un hijo real, sino la presencia de cierto estilo maternal que puede mostrar cualquier persona que lo haya adquirido.[10]

Veamos algunos ejemplos que abarcan de lo más explícito a lo más encubierto.

– «¿Así me pagas ahora que eres mayor, con todo lo que hice por ti y con todo a lo que renuncié?»
– «Lo único que te deseo es que tus hijos te hagan lo mismo que tú me haces a mí.»
– «Por ti yo hago cualquier cosa, hijo mío, no importan mis sacrificios.»
– «Tú vive tu vida, no te preocupes por mí, que aunque yo sufra lo único que me importa es tu felicidad.»
– Suele circular un chiste que es el colmo de la delicadeza culpabilizadora: «Una madre regala dos corbatas a su hijo y cuando éste luce una de ellas en su presencia, ella, con voz quejumbrosa, le pregunta: ¿Cómo, hijo mío, la otra no te gustó?»

Deseo subrayar que la generación de culpa como recurso de poder tiene, a mi juicio, más perjuicios que beneficios. Entre muchos otros voy a señalar dos muy graves. Uno (tal vez el más insidioso) reside en la contaminación –indiscutiblemente nociva y nefasta– que la promoción de sentimientos de culpabilidad produce en la red afectiva de las personas implicadas. Otro es que generar culpas no cuenta, como instrumento legítimo de poder, con reconocimiento social; en ese sentido está condenado a la marginalidad, arrastrando a quien lo provoca a sufrir reacciones hostiles como consecuencia del malestar producido.

En síntesis, la instrumentación de los sentimientos de culpabilidad como recurso de poder suele formar parte del llamado «poder oculto» que se atribuye a las mujeres, muchas de las

10. Este «estilo maternal» responde a una concepción de la maternidad sustentada por el patriarcado, en donde la función maternal se concibe como una entrega incondicional al servicio de los otros.

123

cuales lo utilizan –no siempre con plena conciencia– convencidas de que este «poder oculto» es el que les corresponde «por naturaleza» y el único al que pueden acceder legítimamente por el hecho de ser mujeres.

Veamos ahora algo en relación con la seducción.

Algunos hombres dicen: «En esta sociedad las mujeres tienen la palabra, y con sus artes de seducción nos atrapan». Algunas mujeres dicen: «Yo prefiero trabajar con hombres; en última instancia una siempre puede recurrir a un parpadeo para conseguir lo que quiere». Por su parte, la publicidad de nuestro entorno recurre a la exhibición de pechos y traseros femeninos para promocionar los más diversos objetos, la mayoría de los cuales no guarda ninguna relación con los desnudos que se exponen. La seducción adornada con más o menos erotismo es moneda corriente en esta sociedad lanzada frenéticamente al consumo de objetos y servicios. Si bien la seducción no es privativa de las mujeres (y eso nos consta a todas las mujeres), es en las mujeres donde la seducción parece adoptar características muy peculiares. Parte de esa peculiaridad reside en el grado de cosificación que convierte a la mujer seductora en una mujer objeto. La idea de que la mujer (reducida prácticamente a un cuerpo para ser usado) es un objeto comerciable, subyace en la práctica de utilizar la seducción con fines extra-amorosos. La concepción de la mujer como objeto está presente en los hombres, en las mujeres y en el propio sistema social. La encontramos, por ejemplo, en aquellos hombres que exhiben a las mujeres como trofeos para competir con otros hombres o para usarlas decorativamente como fondo que haga resaltar –por contraste– su calidad de sujeto pensante y deseante.[11] Así sucede en esos programas televisivos unipersonales de nuestro entorno, cuya figura central –generalmente hombre– se destaca por exhibirse como protagonista

11. Uno de los nudos centrales que desde las teorías psicológicas contribuye a la cosificación de la mujer es concebirla como un «objeto de deseo», mientras al varón se lo concibe como un «sujeto deseante». Esta es una polémica ideológica presente en la actualidad que pregona teóricamente la incapacidad de la mujer para constituirse en sujeto, fundamentando de esta manera una diferencia jerárquica que en última instancia tiende a justificar el dominio del varón sobre la mujer.

inteligente que se rodea de objetos-mujeres que mueven sus culos y tetas para dar colorido a su presentación. Desafortunadamente, este modelo también llega a ser utilizado por mujeres que, identificadas con la propuesta social de usar a la mujer como objeto, contribuyen a perpetuar la desvalorización femenina.

La idea de mujer-objeto también está presente en aquellas que se ofrecen al mercado de consumo compitiendo denonadamente por ocupar los primeros puestos en despertar el deseo masculino y lograr así un lugar de preferencia, siempre como objeto, al igual que en un harén musulmán. Son las que llenan las arcas de los monopolios de la cosmética con la esperanza ilusoria de responder al modelo de belleza impuesto y exigido por el hombre, que casi siempre prescinde de considerar las reales necesidades femeninas en lo que a belleza se refiere. Son las que día a día enriquecen a cirujanos plásticos (que curiosamente son casi siempre hombres) en pos de un rejuvenecimiento superficial con la idea frecuente de que ello les permitirá retener el amor del hombre, un amor que así condicionado suena más a amenaza que a efecto capaz de contener. Dicha concepción está presente también en todo el sistema social que promueve de infinitas maneras (algunas explícitas y otras encubiertas) la seducción por parte de las mujeres, contribuyendo a concidionarlas para que concentren sus mejores fuerzas en la adquisición de metodologías apropiadas. No hay más que observar el tiempo y el esfuerzo que dedican las adolescentes a la adquisición y perfeccionamiento de tácticas de seducción; mientras, sus pares masculinos se dedican a capacitarse para desempeñar un rol protagonista activo en la sociedad. La concepción de la mujer como objeto es uno de los pilares en que se apoya la tal mentada «seducción femenina». La seducción femenina ha sido incluso elevada a la categoría de mito y como tal llega a formar parte de la historia fundacional de la sociedad occidental judeo-cristiana. Dos ejemplos de ello lo constituyen pasajes de la Biblia que relatan, uno, la seducción que Eva lleva a cabo con Adán (a quien se otorga el papel de pobre ingenuo); y, otro, los encantos desplegados por Judith para salvar al pueblo de judea consiguiendo la cabeza de Holofernes después de una noche de las que se suelen llamar «de amor».

Es importante dejar en claro que lo que se está cuestionando no es un estilo seductor (que tanto en hombres como en mujeres puede estar al servicio de hacer más gratas y llevaderas las relaciones cotidianas) ni tampoco el despliege de atracción con que se intenta conquistar amorosamente a alguien. Lo que se enjuicia es la creencia —que en ocasiones se convierte en práctica— de que «la mujer con la seducción consigue cualquier cosa...», como Eva o Judith. Es cierto que la realidad nos brinda múltiples ejemplos de que gracias a la seducción (a falta de algo mejor) las mujeres consiguieron ejercer influencia. Pero lo que generalmente se oculta es que la influencia ejercida a través de la seducción cuenta con grandes limitaciones y perpetúa la marginación de la mujer respecto del poder público, cuya consolidación requiere de mecanismos más racionales, de más amplio espectro y pertinentes al ámbito público, que es donde se consagra dicho poder.

Es comprensible que, habitando las tinieblas de la marginación, las mujeres hayan utilizado lo que las tinieblas les proporcionaban para proyectar desde su reclusión doméstica alguna influencia en el ámbito público, el cual, por supuesto, les era vedado. Lo que no es comprensible es que se perpetúen mecanismos que los cambios históricos han convertido en restos desactualizados de guerras antiguas, y cuya inadecuación contribuye a mantener en pie la tan cuidadosamente construida concepción de la mujer-objeto. No podemos engañarnos y creer que la mujer es la única víctima al ser tomada como objeto. El hombre que comparte la vida con mujeres es salpicado por la denigración que supone convivir con lo que ha sido reducido a objeto. Pero si bien la mujer no es la única víctima, lleva la peor parte, ya que cuando el hombre toma a la mujer por objeto, y ésta se asume como tal, se cristaliza una situación de jerarquía en donde el sujeto (hombre) se siente con el derecho «natural» de ejercer poder sobre el objeto (mujer).

En síntesis, los mecanismos de seducción, así utilizados, consolidan el tan mentado «poder oculto» y surgen como recursos ilegítimos para obtener lo que también ilegítimamente les fue (y sigue siendo) negado a las mujeres: un lugar de poder público. La utilización de estos mecanismos por parte de la mujer para obtener influencia o poder se convierte en el ejercicio de un contrapoder que pretende compensar la exclusión de que es objeto en el ejercicio del poder auténtico, contribuyendo a **consolidar, de** esta manera, su automarginación.

5. REFLEXIONANDO TEÓRICAMENTE SOBRE LA CULPA Y LA SEDUCCIÓN COMO RECURSOS DEL LLAMADO «PODER OCULTO»

Curiosamente, al detenernos en la reflexión teórica acerca de estos recursos es posible descubrir algo que sorprende por lo obvio. Y es que ambos, tanto la generación de culpa como la seducción resultan ser el negativo del ideal maternal impuesto por el patriarcado, y que aflora a la superficie cuando dicho ideal es puesto a prueba. Es decir, cuando los «maridos-hijos» de las «mujeres-madres» han crecido suficientemente, se produce un vacío de poder para estas mujeres que sólo puede ser cubierto a través de la reclamación culpabilizadora. Entonces la manipulación de la culpa resulta ser una forma de «cobrar» la entrega supuestamente altruista, con el propósito de rescatar el capital de vida invertido en la dedicación exclusiva y excluyente de los otros (hijos o no). Al plantear que la instrumentación de la culpa que se genera en los otros es el negativo del ideal maternal impuesto por el patriarcado, deseo poner énfasis en que estos comportamientos culpabilizadores por parte de muchas mujeres que han abrazado dicho ideal (o que no han podido escapar a él) son el corolario inevitable del mismo, en el cual quedan atrapadas y engullidas.

El ideal de la madre altruista y abnegada proyecta su sombra sobre la mujer excluyéndola del ejercicio del poder público. Pero en la misma sombra proyectada, al sacralizar al ideal, reaparece lo que se pretende eliminar, reaparece el ejercicio del poder bajo otra forma que, al utilizar recursos no genuinos, contribuye a perpetuar la ya tradicional marginación pública de las mujeres y afianzar el poder patriarcal. Esta otra forma de poder que suelen esgrimir muchas mujeres, es una consecuencia inevitable de asumir el ideal maternal de altruismo y abnegación. Ello fomenta una ilusión de poder en las mismas que los hombres apoyan y comparten. Se establece así una complicidad perversa entre hombres y mujeres por la cual los hombres fomentan y avalan el protagonismo de las mujeres en ese otro poder –«el llamado poder oculto»–, despejando para sí el camino libre al poder público. Por su parte, las mujeres ceden los espacios del poder público acaparando para sí, monopólicamente, la habilidad para desenvolverse en los laberintos afectivos.

El hecho de que las mujeres canalicen sus necesidades de poder a través de los recursos que ofrece el llamado «poder oculto» y hagan de él uno de los mitos mejor afianzados de la feminidad contribuye a perpetuar la distribución actual del poder. El llamado «poder oculto» funciona como contrapeso equilibrante que perpetúa la distribución actual del poder, que no es otra cosa que una distribución sexual del poder.

6. VOLVIENDO AL PARADIGMA SUPUESTAMENTE «FEMENINO» DE PODER

El ejercicio del llamado «poder oculto» condiciona y confecciona un paradigma asociado a lo femenino que incluye ciertas características peyorativas que se atribuyen habitualmente a las mujeres, como por ejemplo: insidia, simulación, ocultamiento, disimulo, etc. Este paradigma en el que tanto hombres como mujeres suelen coincidir al calificarlo de «muy femenino», está en la base de la creencia de que «por detrás, las mujeres hacen lo que quieren». Este paradigma de poder, que muchas mujeres reconocen como propio y muchos hombres avalan, ofrece ciertos beneficios secundarios que perpetúan su arraigo. De la misma manera que la dependencia económica ofrece beneficios secundarios a quien se instala en ella, el ejercicio de este llamado «poder oculto» brinda prerrogativas que son aceptadas por las mujeres que lo ejercen. Y de la misma manera que la dependencia económica margina a la mujer de los lugares de decisión, la adhesión consciente o inconsciente a este llamado «poder oculto» excluye a la mujer de los lugares legítimos de poder.[12]

12. En un interesante trabajo de investigación que incluyó 167 entrevistas a mujeres dirigentes que tenían puestos políticos o administrativos en el nivel nacional o municipal de Chile y Perú a fines de la década de los 60, Elsa Chaney señala que habría que ver (...)

Deseo recalcar que la existencia de este «otro paradigma» es uno de los mayores obstáculos que desde la propia subjetividad femenina interviene en las mujeres condicionando su exclusión del poder público, porque este paradigma del poder llamado «femenino», junto con el paradigma tradicional del poder ejercido por los hombres, son la expresión cabal de la ideología patriarcal, que jerarquiza las diferencias y las sitúa como antagónicas y complementarias. El poder oculto resulta ser así la respuesta al poder público dentro del mismo sistema.

En síntesis, en lo que a poder se refiere, considero que las mujeres siguen marginadas del ejercicio del poder público porque, además de la discriminación francamente impuesta desde la sociedad y de la falta de experiencia y capacitación de algunas que lo intentan, existe también un paradigma de poder atribuido a lo femenino que –inconscientemente– muchas mujeres recrean, perpetúan y reconocen como propio de su género. Este paradigma materializado en lo que se conoce como «el poder oculto de las mujeres» refleja el contrapoder femenino como reacción al poder masculino. Poder y contrapoder que son, además, la expresión de una misma opresión que mantiene a hombres y a mujeres bajo el mismo sistema autoritario. De este modo, es finalmente este sistema autoritario el que construye enfrentamientos, subraya diferencias, jerarquiza roles, deteriora la solidaridad y condena al género humano –hombres y mujeres– a un tránsito por la vida hostil y solitario que hace aún más difícil el complejo arte de vivir.

El «poder oculto» que muchas mujeres retienen para sí es una trampa al servicio del patriarcado. Mientras las mujeres estén ocupadas y preocupadas por consolidar aquel poder al que reconocen como propio de su género, seguirán dejando vacíos los lugares del poder público que se encargarán de ocupar los varones.

Concluyendo, me hago eco de las palabras de Victoria Sau cuando dice: «Esto sería posible (que las nuevas generaciones

---

«hasta qué punto la exclusión de las mujeres es impuesta por sí mismas debido a sus propias ideas sobre las esferas que les corresponden a los funcionarios del sexo femenino» (pág. 141).

nazcan en un ambiente de mayor confianza y respetabilidad) si en todos los lugares de decisión del gobierno de la comunidad, tanto en lo referente a relaciones internas como con el exterior, las mujeres estuviesen tan representadas como los hombres, fuesen dueñas de la palabra y coautoras de la ley».[13]

7.   VICISITUDES EN LAS ESFERAS DEL PODER[14]

Que las mujeres siguen siendo minoría en los lugares de predominio político es una realidad que corroboran las estadísticas. Judith Astelarra, en un cuidadoso estudio realizado sobre la participación política de las mujeres, señala: «Si las mujeres que militan en partidos políticos son pocas, las que ocupan puestos de dirección son aún menos... Hay aproximadamente un 6 % en los altos cargos de la administración central y en las administraciones autonómicas. (...) Los varones (así como las mujeres) son también la mitad de la población mundial, pero han acaparado el 94 % de los cargos políticos». Igual situación es posible observar en nuestro medio con sólo echar una mirada a la composición de los partidos políticos y los cargos de envergadura en la administración del Estado.[15] Resulta sorprendente que tan reducidos porcentajes de participación femenina no dejen sin embargo de despertar preocupación en muchos, que suelen exclamar, alarmados: «¿Cómo que no hay mujeres en el poder? (...) ¿Y la Thatcher? ¿Y la Bhutto? ¿Y la Aquino?» para agregar luego: «¡Y miren lo que hacen!»

Estas afirmaciones, dichas con absoluta convicción, están al

13.   Victoria Sau, *Aportaciones para una lógica del feminismo.* La Sal Ediciones, Barcelona, 1986, pág. 68.

14.   Las reflexiones sobre este tema son el resultado de una tarea de investigación exploratoria que se concretó a través de charlas informales con algunas mujeres militantes, con el análisis de los registros de ponencias en mesas redondas y conferencias llevadas a cabo con mujeres políticas y con la realización de un taller de reflexión sobre «El poder político y las mujeres», planificado y coordinado por mí en el que participaron diputadas y concejalas de una comunidad española. Estas reflexiones son una aproximación al tema que espero tener la oportunidad de seguir profundizando.

15.   Transcribo en las páginas siguientes un cuadro que hace referencia a la participación política de las mujeres en Europa.

servicio de instaurar y/o consolidar el siguiente prejuicio: que además de considerar que un 6 % de participación de las mujeres en la política representa cómodamente al 50 % de la población femenina, sostiene que las mujeres en el poder constituyen un peligro. El que haya efectivamente «algunas» mujeres en el poder no hace más que confirmar la marginación de las mismas. E incluso podemos llegar a pensar que el hecho de que algunos hombres (y también mujeres) acepten complacidos ese minúsculo porcentaje, forma parte de un pacto social gatopardista similar en sus consecuencias a la aceptación y complacencia por parte de ciertos hombres a que las mujeres administren el «dinero pequeño», esperando que con ello estén lo suficientemente entretenidas como para desentenderse de la «engorrosa» tarea de administrar el «dinero grande». Cuando se afirma que las mujeres en el poder «hacen barbaridades», no se las está enjuiciando como políticas, sino como mujeres. Porque lo que generalmente se critica en esos casos no es la ideología que sustentan sino la práctica concreta que hacen del poder siendo mujeres. Cuando se trata de despotismo, es tan nefasto que sea ejercido por un hombre como por una mujer. Sin embargo, resulta llamativo que una actitud despótica y arbitraria en el varón suela ser catalogada de deleznable pero «humana», mientras que en el caso de la mujer la misma actitud recibe el calificativo de diabólica y «antinatural». Esta censura supone que las mujeres en el poder son «más malas que los hombres malos» y encubre un juicio de valor que, como tal, se inserta en la cultura con la fuerza de una creencia. Las creencias, ya se sabe, suelen resistir todo análisis racional.

No podemos menos que pensar que el reducido porcentaje de la participación política de las mujeres supone la presencia de una cantidad de obstáculos –de muy diversa naturaleza– que dificultan el acceso al poder y el mantenimiento en él por parte de las mismas. Existe un amplio y complejo espectro de situaciones que son en sí mismas obstáculos que se deben superar: por ejemplo, hace poco que las mujeres han sido reconocidas como sujetos civiles con derecho a voto (y no en todas partes); o la falta de capacitación para desempeñar tareas públicas; o la presencia de mitos y prejuicios, a lo que debe agregarse también la existencia de conflictos en relación al poder.

A) Desventajas y dificultades

Veamos algunas de la dificultades con que tropiezan las mujeres que se interesan por la política y participan en ella. A menudo cargan con toda una gama de sentimientos variados, que, lejos de fortalecerlas, se convierten en una sobrecarga difícil de compartir y las sumerge en una lucha solitaria, ya que la mayoría de los hombres transitan por el camino de enfrente y las otras mujeres políticas, tan reducidas en número, se convierten en competidoras que en ocasiones exacerban su rivalidad defendiendo los muy estrechos lugares de poder. Se trata, sí, de una lucha solitaria, porque no pocas veces se desvelan por conflictos que no pueden compartir con las «otras», cada una de las cuales se cree a su vez única y aislada, y porque además, en tanto mujeres «especiales» que ocupan lugares políticos, *representan-y-no-representan* al 50 % de la población mundial, ya que si bien son también mujeres no consiguen expresar con su 6 % el amplio espectro de sus diversidades.

Las mujeres que se interesan por la política parecen transitar un camino caracterizado por desventajas originadas en la condición femenina. En el escenario de la actuación política, que es donde se dirimen las desventajas de clase, adquieren también protagonismo las desventajas de género en virtud de la actuación de las mujeres. Se reviven en un «aquí y ahora» concreto todas las discriminaciones que hasta ese momento eran sólo motivo de inquietud teórica en boca de los políticos masculinos, que no tenían suspicacias de género ya que todos pertenecían al mismo.

De este modo, al incorporarse la mujer al terreno de lo político y colocarse a la par del hombre en la lucha por las posturas ideológicas en las que inscribe, se ponen en juego irremediablemente todos los mecanismos existentes de discriminación, subyacente e implícita, en la relación entre los sexos. El terreno de lo político, que es el territorio del poder, se convierte en una reserva hipersensible que ilumina y pone de relieve todas las pequeñas y grandes luchas por el predominio. Cuando la política era exclusivo patrimonio masculino, las luchas eran protagonizadas por hombres. Ahora que se han incorporado las mujeres se compleji-

PRESENCIA FEMENINA EN LOS PARLAMENTOS Y GOBIERNOS DE LOS PAISES MIEMBROS DEL CONSEJO DE EUROPA. 1986

	Parlamento Cámara Baja			Número de mujeres en el Gobierno y Carteras ocupadas			Fecha implantación sufragio femenino
	Total	Mujeres	% M/T	Total carteras	Mujeres	Carteras ocupadas por mujeres	
ALEMANIA	519	45	8,7	17	2	Ministra Juvenil, Familia, Salud Pública Ministra Educación y Ciencia	1918
AUSTRIA	183	18	9,8	24	3	Ministra Familia Secretaria Estado, Obras Públicas Secretaria Estado de la Cancillería Federal	1918
BÉLGICA	212	16	7,5	28	3	Secretaría Estado, Telégrafos y Teléfonos Secretaría Estado Minusválidos Secretaría Estado Emancipación Social	1948
CHIPRE	35	1	2,8	13	–		1960
DINAMARCA	179	42	23,5	21	3	Ministra Agricultura Ministra Asuntos Sociales Ministra Asuntos Eclesiásticos	1915
ESPAÑA	350	22	6,3	17	–		1931
FRANCIA	577	34	5,9	14	–		1944
GRECIA	300	12 ·	4	22	1	Ministra Cultura	1952
HOLANDA	150	28	18,7	12	2	Ministra Transportes Ministra Ayuda al Desarrollo	1919
IRLANDA	166	13	7,8	17	1	Ministra Bienestar Social	1922
ISLANDIA	60	9	15	11	2	Presidenta Ministra Salud y Asuntos Sociales	1920

	Parlamento Cámara Baja			Número de mujeres en el Gobierno y Carteras ocupadas			Fecha implantación sufragio femenino
	Total	Mujeres	% M/T	Total carteras	Mujeres	Carteras ocupadas por mujeres	
ITALIA	630	49	7,8	17	1	Ministra Educación	1945
LUXEMBURGO	64	8	12,5	12	–		1919
NORUEGA	157	53	33,8	18	8	Presidenta, Ministra de Justicia, Ministra para el Medio Ambiente, Ministra para Asuntos Sociales, Ministra Culto y Educación, Ministra Consumo y Alimentación, Ministra Ayuda al Tercer Mundo	1913
PORTUGAL	250	14	5,6	15	1	Ministra de Salud	1976
REINO UNIDO	650	25	3,8		1	Primera Ministra	1928
SUECIA	349	101	28,9	16	5	Ministra Asuntos Sociales, Ministra Trabajo, Ministra Cooperación e Igualdad entre Sexos, Ministra Energía y Medio Ambiente	1921
SUIZA	200	21	10,5	7	1		1971
TURQUÍA	500	12	3,0	21	–		1934

Fuente: Elaboración propia sobre datos del Consejo de Europa y de las representaciones diplomáticas en Madrid. Instituto de la Mujer.

za el espectro y se mezclan los colores. A las luchas entre hombres se agregan las luchas entre mujeres y las luchas entre hombres y mujeres. Es una cuestión de elemental lógica aritmética. Pero esto no supone ninguna novedad. El aspecto –si bien no novedoso, poco explicitado– al que quiero hacer referencia es que a esta complejidad se le agrega otra dimensión: la de los conflictos que deben afrontar las mujeres políticas consigo mismas.

a) Conflictos derivados de autorreclamaciones contradictorias. Una parte de su subjetividad en representación de las mujeres que fueron, de los modelos con los que se identificaron en la infancia, y de las expectativas psíquicas y culturales en las que fueron educadas. Por otro lado, otro aspecto de su subjetividad que se identifica con las mujeres actuales, con sus deseos de independencia, de protagonismo y de ambición política.

b) Conflictos derivados de la pretensión de armonizar, por un lado, una práctica altruista, centrada en las necesidades y demandas de los demás que –sostienen algunos– es una condición «esencial» de la feminidad; y, por otro, el ejercicio del poder, que implica una lucha competitiva para tratar de influir en el sentido de las propias convicciones.

c) Conflictos derivados de la autoexigencia para hacer compatibles la vida familiar y la vida pública. Una vida familiar que sigue siendo concebida internamente según aquellos cánones tradicionales que exigen de la mujer la atención exclusiva y excluyente de todo lo que circula en el ámbito doméstico (esposo, hijos, padres, limpieza, comida, afectos, etc.). Y una vida pública a la que se aspira llegar, rindiendo con el máximo de eficiencia. En síntesis, el conflicto se hace presente porque el modelo de Mujer Maravilla que funciona a la perfección en la pequeña pantalla, parece tener fallos que impiden su aplicación en la vida real.

d) Conflictos derivados de la complejidad que significa la relación con los hombres que, en ciertas circunstancias, existen en calidad de contrincantes. Una política española comentaba: «En el partido competimos con hombres muy próximos a nosotras. Algunos son nuestros amigos y otros nuestros ma-

135

ridos. Y es difícil porque es como estar compitiendo con nosotras mismas».

e) Conflictos derivados del choque que a veces se produce entre la solidaridad de género y la lealtad partidaria. Una opción difícil cuando las reivindicaciones feministas deben pasar a segundo plano en aras de las reivindicaciones de clase, como sucede en algunos movimientos de izquierda que sostienen que la opresión de la mujer se resolverá cuando desaparezcan las diferencias de clase. En la otra punta del espectro político (los movimientos de derecha) este conflicto no adquire la misma dimensión dado que la propia estructura ideológica no tiene en cuenta la opresión de las mujeres como una problemática específica.

f) Conflictos derivados de la necesidad de estar «demostrando» constantemente que «una es capaz», aunque sea mujer. Con mucha claridad lo expresó una política argentina: «Me exigen ser brillante para invitarme a compartir una mesa con mediocres». Y al respecto decía una española: «Las mujeres siempre tenemos que estar demostrando que valemos, y esto en condiciones mucho más difíciles que los hombres, porque seguimos siendo amas de casa y madres. Me indigno conmigo misma porque llevo años de concejala y a veces, discutiendo algo importante, no puedo dejar de pensar en los niños que han llegado del colegio, o que tengo gente a cenar además de otros diez temas domésticos, con lo cual siempre me siento en desventaja».

Tal vez no sería desmesurado afirmar que ese sentimiento de «estar en desventaja» corresponde totalmente a la realidad. Realidad que no se cambia por arte de magia sino por un trabajo racional y persistente en lo político, lo personal, lo vivencial y lo intelectual. Un trabajo que en lugar de negar la realidad tapándola con la ilusión de soluciones por decreto permita tomar plena conciencia de las desventajas tal cual se presentan, y que no deben ser enarboladas como estandarte de la queja sino como obstáculos que requieren de una estrategia puntual para ser superados. Dichas estrategias no pueden ser el resultado de pensamientos individuales sino de la conjunción de un discernimiento grupal que –independientemente de las ideologías políticas– ponga su capacidad pensante al servicio de modificar las situaciones de desventaja. Las mujeres interesadas en la política deben reunirse en grupos coordinados por profesionales idóneos en la dinámica grupal para reflexionar en profundidad acerca de los mitos y fantasmas que en los niveles inconscientes se constituyen en obstáculos que obturan un accionar eficiente. Los hombres políticos también deberían hacerlo, no para defender la parcela desproporcionada de poder que retiene, sino para afrontar –ellos también– los fantasmas detrás de los cuales se esconden para seguir perpetuando el prejuicio acerca de la «capacidad diabólica y terrorífica» que supuestamente se desarrolla en las mujeres cuando acceden al poder.

Si esto permitiera que las mujeres accedieran al poder y ocuparan el 50 % de los cargos públicos, las diferencias ideológicas (sostenidas tanto por hombres como por mujeres) tendrían en el terreno de lo político el espacio propicio para la competencia por el predominio. Y el género habría dejado de ser una variable. Pero esta modificación supone una redistribución de las desventajas. En la medida en que las desventajas de «unas» constituyen la base en la que se apoyan las ventajas de «otros», resulta que al pretender disminuir las desventajas femeninas también se disminuyen –proporcionalmente– las ventajas masculinas. Y la pérdida de poder por parte de los varones genera fricciones que avivan la competencia como el aire aviva el fuego y ponen en funcionamiento todo el arsenal (legal e ilegal) que permanecía adormecido al son de la división sexual de ámbitos y funciones. Y aquí entramos en un terreno particularmente engorroso para una gran cantidad de mujeres: el terreno de la competencia. Una competencia cargada de vivencias lacerantes y de significados que arrastran siglos de maceración.

B)   La competencia y el miedo a la hostilidad

La competencia es «incómoda», sostienen algunas mujeres (políticas y no políticas) ... ¡¡Vaya si lo es!! Incomodidad es una palabra que resulta demasiado pulcra para lo que realmente encubre. Porque la incomodidad a la que se refieren no es una molestia que se arregla con unos toques cosméticos. Tampoco es un malestar pasajero. La competencia es incómoda para muchas mujeres porque obliga a librar luchas dentro de una realidad marcada por las desventajas, en un terreno que siempre fue patrimonio del otro sexo y con metodologías que se caracterizan por el uso de la hostilidad. Competir en la política es «la ley de la selva», comentan algunas mujeres. Y luego añaden: «Yo no estoy de acuerdo en competir a muerte porque siento que dentro mío se rompe algo. Pero si lo hago de otra manera, no voy a ninguna parte. Es un callejón sin salida».

Y seguramente lo es porque la «ley de la selva» se pone en práctica cumpliendo con una premisa que es su ley fundamental: matar o morir. Difícil alternativa que parece inquietar mucho menos a los hombres que a las mujeres, las cuales han sido educadas en la defensa de la vida, el rechazo de la guerra y la exaltación del amor. La hostilidad, en cualquiera de sus versiones, siempre fue presentada a las mujeres como expresión de lo masculino y testimonio de la violencia. De este modo, frecuentemente han debido inhibir la natural hostilidad humana al tiempo que perdían la posibilidad de capacitarse para encauzarla hacia fines productivos y socialmente aceptados. Las mujeres debieron aprender a temer la hostilidad, la cual, si bien no es patrimonio exclusivo de los hombres, son ellos quienes utilizándola en su versión de violencia la ejercen desenfadadamente. Y apoyados en su mayor poderío físico no dudan en golpear para mantener –a través de la fuerza– una autoridad despótica. Pero, al margen del temor que despierta la agresión masculina y al margen también de las limitaciones que ostenten las mujeres para hacer frente a dicha agresión, esta «ley de la selva», que esgrime la muerte como pasaporte para la vida (matar para vivir), pone en movimiento temores profundos relacionados con las vivencias íntimas derivadas del propio impulso hostil. Veamos a qué me refiero.

Entrar en competencia supone necesariamente la utilización de aquellos recursos psíquicos que hacen posible afrontar los obstáculos, arremeter contra ellos, sostener el desafío de vencerlos y encauzar los resultados hacia objetivos de superación. Todo ello implica el empleo de una cantidad considerable de energía que sólo es posible poner en marcha mediante la utilización de aquellos aspectos del impulso hostil que están al servicio de la vida. Lo que vulgarmente se conoce como hostilidad deriva de un impulso constitutivo del psiquismo: el impulso hostil. Este impulso libera energías que pueden canalizarse tanto al servicio del crecimiento y la individuación como al servicio de la destrucción. Cuando, por ejemplo, la energía que libera dicho impulso se organiza como violencia y agresión, genera condiciones que ponen en riesgo la propia vida y la ajena. Cuando, por el contrario, la energía se organiza como fortaleza para afrontar los obstáculos y como perseverancia y tenacidad para sostener la acción, genera condiciones de fortalecimiento. Y en aquellos casos en que la misma resulta inhibida genera situaciones de indefección que propician vulnerabilidades. En relación a esto último es conveniente recordar que se encuentra en indefección, y por lo tanto en peligro, tanto el niño que por inhibición de la hostilidad no puede morder y desgarre los alimentos que nutren su crecimiento, tanto aquel que no puede imponerse a sí mismo una actitud persistente para incrementar un aprendizaje, lo mismo que aquellas personas (en una abrumadora mayoría mujeres) incapaces de aplicar la fuerza necesaria para afrontar los desacuerdos y defender sus propios criterios. Todas estas son situaciones de indefección comparables por sus consecuencias. Aunque se den en distintas áreas y niveles responden a una misma problemática. El desconocimiento de que el impulso hostil interviene en el crecimiento haciendo posible las discriminaciones, fortaleciendo el juicio crítico y dando sustento a todos aquellos «cortes» reales o simbólicos que dan paso a la independencia, contribuye a que se identifique exclusivamente con agresión.[16] Esta identificación, curiosamente, se da con predominio en las mujeres. En muchas de ellas, las expresiones conectadas con la hostilidad son vividas como «agresivas» y adquieren con frecuencia connotaciones marcadamente atemorizantes. Las mujeres suelen temer tanto la hostilidad exterior como la que pueda provenir de su propio interior, y a menudo el temor a la propia hostilidad genera su

16. Mabel Burín hace referencia al deseo hostil diferenciador que estaría en la base de la constitución de «otros» deseos posibles para la mujer, como el deseo de poder.

inhibición instaurándose así un círculo vicioso: cuanto más se la teme más se la inhibe. Y dicha inhibición aumenta la vulnerabilidad que, a su vez, incrementa el temor.

Los condicionamientos culturales tienen mucho que ver en todo esto. Las prácticas educativas que permiten al varón expresar su hostilidad le dan oportunidad para comprobar que la misma no tiene el poder que su imaginación le otorga. Cuando un niño devuelve un golpe puede comprobar que su poder está limitado por el poder del otro que se defiende. Así, puede registrar que su hostilidad tiene límites. Cosa que lo tranquiliza y le permite hacer uso de ella cuando lo crea pertinente sin aterrarse por las posibles consecuencias incontrolables que le asigne la magia del pensamiento. Las niñas, en cambio, sometidas a una educación que evalúa la agresividad como un atributo masculino y que además se les prohibe explícitamente, quedan a merced de la omnipotencia de sus propias fantasías. Estas fantasías se incrementan y adquieren matices insospechados, entre otras cosas, por la imposibilidad de contrastarlas con la realidad exterior. Así, muchas mujeres pueden llegar a ser las primeras en «temerse a sí mismas» por las supuestas consecuencias de su hostilidad. La multideterminación de estas situaciones nos permite pensar también que estos condicionamientos culturales que inhiben la hostilidad –reafirmando así su peligrosidad– encuentran un terreno propicio en otras vivencias profundas íntimamente ligadas a la experiencia filogenética de parir, que coloca a la mujer en un contacto directo con la vida y la muerte.

A caballo de estas fantasías, totalmente inconscientes, la hostilidad cobraría en las propias mujeres una dimensión desproporcionada. Y en consecuencia, todo lo asociado con ella es evaluado como peligroso, generador de malestar y tiende a ser reprimido.

Bajo esta etiqueta puede situarse la competencia que, muy a menudo, es vivida por las mujeres con una cantidad de malestar que supera los motivos que la realidad ofrece. Y así se puede llegar a inhibir la hostilidad necesaria para competir con éxito. Recordemos que para competir es necesario, entre otras cosas, ser capaces de enfrentarse a un oponente, de persistir en el intento y tratar de desplazarlo. Todo esto requiere una cantidad de energía hostil que debe ser regulada para que circule entre los límites que contribuyen a la competencia enriquecedora, desechando las extralimitaciones que conducen a la competencia destructiva. Resulta llamativo que mientras las mujeres tienen que vencer grandes dificultades para entrar en el juego de la competencia, los hombres se permiten refinamientos sofisticados. Tal vez eso se deba en parte a que los hombres se sienten más libres que las mujeres para usar su propia hostilidad, ya que la misma no está sobrecargada con el peso de fantasías inconscientes terroríficas asociadas a la muerte.*

Y aquí volvemos a nuestro punto de partida. El malestar frente a la competencia que perturba a muchas de las mujeres que han elegido la lucha política y otras que pretenden desempeñar un protagonismo activo como hacedoras de cultura y coparticipantes en la producción social, hunde sus raíces en una fantasía inconsciente que la sociedad se encarga de subrayar, confirmar y consolidar cuando, por ejemplo, insiste en sostener que las mujeres en el poder «se desatan y son terribles». Estos comentarios alimentan fantasmas que deforman la situación de competencia proyectando visiones apocalípticas que debilitan y/o asfixian las pretensiones de protagonismo político y social en las mujeres.

En síntesis, para muchas mujeres la competencia adquiere connotaciones inquietantes porque se convierte en un riesgo que pone en juego la propia vida o coloca simbólicamente en sus manos la cabeza del contrincante. Enorme responsabilidad para quienes los fantasmas no dejan de rumorear al oído sus letanías agoreras.

* Se trata de una hipótesis en la que planteo que la experiencia filogenética de parir coloca a la mujer en una situación de proximidad extrema con la vida y la muerte (situación tanto física como psíquica). Y en esa situación el impulso hostil debe hacerse presente en sus funciones de desprendimiento y corte para hacer posible el alumbramiento. Las connotaciones inconscientes del impulso hostil que se ponen en juego, ponen en marcha fantasías inconscientes que en ocasiones adquieren características terroríficas, que pueden llegar a contaminar cualquier comportamiento posterior que requiera el concurso del impulso hostil. Esta situación, inevitable para las mujeres, es obviada por los varones. Esta hipótesis nos permitiría explicar, en parte al menos, que los varones temen menos a la hostilidad (y pueden jugar con ella hasta el extremo de poner en riesgo sus vidas y las de otros) mientras que las mujeres le temen tanto que la inhiben hasta el extremo de inutilizarla entorpeciendo su propio crecimiento.

Queda pendiente la tarea de desenmascarar dichos fantasmas y crear los mecanismos para que las mujeres legitimen sus ambiciones, puedan identificar las fantasías profundas que obturan prácticas sociales y se incorporen al mundo de la competencia sin tanto terror ni tanta sumisión.

Referencias Bibliográficas

Astelarra, Judith. *Las mujeres podemos: otra visión política*. Ed. Icaria, Barcelona 1986.

Bamberger, Joan. "El mito del matriarcado: ¿Por qué gobiernan los hombres en las sociedades primitivas?", en *Antropología y feminismo*. Ed. Anagrama, Barcelona 1979.

Bell, Donald H. *Ser varón*. Tusquets, Barcelona 1987.

Bettelheim, Bruno. *Sobrevivir*. Grijalbo, Barcelona 1983.

Borneman, Ernest. *Le patriarcat*, PUF, París 1979.

Burín, Mabel. *Estudios sobre la subjetividad femenina*. Grupo Editor Latinoamericano. Bs. As. 1987.

Colombo, Eduardo. "Il potere politico e la dona", en *Diferenza che passione*. Ed. Volonta 1-2, Milán 1988.

Coria Clara. *El sexo oculto del dinero*. Grupo Editor Latinoamericano. Buenos Aires 1986. Ed. Argot, Barcelona 1987.

Coria, Clara. *El dinero: un objeto transicional (facilitador de estereotipos de género sexual)*. Conferencia dada en la Universidad Autónoma de Barcelona. Seminarios de Postgrado de Estudios de la Mujer. Noviembre 1987.

Coria, Clara. *Violencia y contraviolencia de la dependencia económica*, en "Mujer y Violencia", Sudamericana, Bs. As. 1989.

Chaney, Elsa M. *Supermadre, la mujer dentro de la política en América Latina*. Fondo de Cultura Económica. México 1983.

Delphy, Cristine. "¿Trabajo casero o trabajo doméstico?", en *La mujer en la sociedad mercantil*. Siglo XXI, México 1980.

143

Dio Bleichmar, Emilce. *El feminismo espontáneo de la histeria.* Adotraf, Madrid 1985.

Durán, María Angeles. *La jornada interminable.* Ed. Icaria, Barcelona 1986.

Foucault, Michel. *Microfísica del poder.* Ed. de la Piqueta. Madrid 1979.

Freud, S. *La aflicción y la melancolía.* Obra completa. Vol I. Ed. Biblioteca Nueva, Madrid 1948.

Freud, S. *El Yo y el Ello.* (Cap. V) Obra Completa. T. XIX, Amorrortu editores, Bs. As. 1976.

Freud, S. *Lo siniestro.* Ed. Noé, Bs. As. 1973.

Galbraith, John Kenneth. *La Science économique et l'interét général,* Gallimard, París 1976.

Laplanche-Pontalis. *Vocabulaire de la Psychanalyse.* PUF, París 1971.

Larguía, Isabel. "Contra el trabajo invisible" en *La liberación de la mujer,* año cero. Gedisa, Barcelona 1977.

Maldavsky, David. "Psicomática, Buenos Aires". En *Revista de Actualidad Psicológica,* Año XIII, N.º 149, Bs. As., noviembre 1988.

Mizrahi, Liliana. *La mujer transgresora.* Grupo Editor Latino americano, Bs. As. 1987.

Michel, Andrée. *La mujer en la sociedad mercantil,* Siglo XXI, México 1980.

Mitchel, Juliet. *La condición de la mujer.* Ed. Anagrama, Barcelona 1977.

Puget, Janine y Berenstein, Isidoro. *Psicoanálisis de la pareja matrimonial.* Ed. Paidós, Bs. As. 1977.

Sau, Victoria. *Aportaciones para una lógica del feminismo.* Cap. Maternología. La Sal, ediciones de les dones., pág. 68. Barcelona 1986.

Sau, Victoria. *Ser mujer: el fin de una imagen tradicional.* Ed. Icaria, Barcelona 1986.

Shilder, P. "The analysis of ideologies as a psychotherapeutic method, especially in group treatment". *American Journal of Psychiatry.* 93, 601-617, 1936.

Usandivaras, Rául y equipo. *Comunicación preliminar de la investigación sobre los niveles regresivos en los grupos.* Presentada en la Asociación Argentina de Psicología y Psicoterapia de Grupo, el 1 de junio de 1989.

Websber, Paula y Newton, Ester. "Matriarcado: enigma y paradigma" en *Antropología y feminismo*. Ed. Anagrama. Barcelona 1979.

Bibliografía general complementaria

Barros de Mendilaharzu, "Gloria, amor y pareja: ¿acuerdo o malentendido? Rev. de *Psicología y Psicoterapia de Grupo*, año X, N.º 2 y 3, Bs. As. 1987.

Chesler, Phyllis, y Goodman, E.J., *Woman, money and Power*. Bantan Book, N. Y. 1977.

Dierichs, Helga y Mitscherlich, Margarete. *Des Hommes*, Ed. des femmes, París 1983.

Ducovsky, Santiago, *Picoanálisis real: la inflación, inflaanásis y psinflación*. Ed. Antorcha, Bs. As. 1981.

Ferreira, Graciela, *La Mujer Maltratada*. Ed. Sudamericana, Bs. As. 1989.

Fidges, E. *Actitudes patriarcales: las mujeres en sociedad*, Alianza ed., Madrid 1972.

Foucault, Michel, *Un diálogo sobre el poder*. Alianza Editorial, Madrid 1984.

—, *Historia de la sexualidad*. T. I. La voluntad de saber. Ed. Siglo XXI, México.

Galbraith, John K. *Anales de un liberal impenitente*. Gedisa, Barcelona 1982.

Groult, Benofte, *Le feminisme au masculin*. Denoel-Gontier, París 1977.

Hamilton, R. *La liberación de la mujer: patriarcado y capitalismo*, Península, Barcelona 1980.

Hopenhayn, Martin, *Hacia una fenomenología del dinero*. Nordan-Comunidad, Montevideo 1989.

Izquierdo, María Jesus, *Las, los, les (lis, lus)* Ed. LaSal, Barcelona 1985.

Kurnitzky, Horst, *La estructura libidinal del dinero*. Ed. Siglo

XXI, México 1978.

Marques, Josep-Vincent. *¿Qué hace el poder en tu cama?* Ed. Icaria, Barcelona 1988.

Maurey, Gilbert. *Le couple malade.* Ed. Masson, París 1977.

Meillassoux, C. *Mujeres, graneros y capitales.* Siglo XXI. México 1985.

Mitscherlich, Margaret. *La femme pacifique, Etude Psychanalytique de l'agressivité selon le sexe.* Eds. des femmes, París, 1988.

Moreno, Amparo. *El arquetipo viril protagonista de la historia,* Ed. LaSal, Barcelona 1986.

Oakley, Ann, *La mujer discriminada: biología y sociedad,* Debate, Madrid 1987.

Rodriguez, Rosa María, *La seducción de la diferencia,* Victor Orenga Ed., Valencia 1987.

Rossanda, Rossana. *Las otras,* Ed. Gedisa, Barcelona, 1982.

Rowbothan, Sheila, *Mundo de hombre, conciencia de mujer.* Ed. Debate, Fernando Torres Editor, Madrid 1977.

Shvarz, Ruth. *Idolatria del poder o reconocimiento.* Grupo Editor Latinoamericano, Bs. As. 1989.

Stolovitzky, Israel y Secades, Carmen. *Sexualidad y poder.* Puntosur editores, Bs. As. 1987.

Sullerot, E., *El hecho femenino,* Argos Vergara, Barcelona 1979.

Sullerot, E., *Pour le meilleur et sans le pire,* Ed. fayard, París, 1985.

También publicado por Paidós

Con el amor no basta, de Aaron T. Beck, parte del hecho de que todos sabemos que la idealización de un marido o una esposa puede conducir a la desilusión posterior, que un cónyuge que imponga reglas y expectativas rígidas siempre acaba resultando frustrante, y que la irritación y la hostilidad son la consecuencia ineludible de una comunicación deficiente. Pero a veces somos incapaces de reconocer todos estos problemas en nuestras propias relaciones de pareja. Este libro es un espejo en el que podemos vernos a nosotros mismos y nuestras vidas afectivas sin máscaras ni disfraces, al descubierto. Quizás así —mediante el estilo elocuente y accesible del doctor Beck y a partir de la descripción de algunos casos reales— podamos aprender a hablar teniendo en cuenta al otro y escuchando realmente lo que dice.

Al prestar atención a los problemas de las parejas, el autor de este libro se encontró con que éstas manifestaban la misma clase de aberraciones del pensamiento —distorsiones cognitivas— que sus deprimidos y ansiosos pacientes. Aunque las parejas no estaban tan deprimidas y ansiosas como para necesitar una terapia específica, eran desdichadas, estaban tensas e irritadas. Y, al igual que sus pacientes, tendían a fijarse en lo que estaba mal en los matrimonios y a descuidar o no querer ver lo que estaba bien. Cabe señalar, sin embargo, que si los integrantes de la pareja se dan cuenta del malentendido antes de que éste avance, pueden atajar la tormenta. Este libro está destinado a ayudar a las parejas a hacer precisamente eso: clarificar la comunicación a fin de evitar desde el principio los malentendidos.

Aaron T. Beck es profesor de psiquiatría en la Universidad de Pennsylvania. Autor de originalísimos libros sobre la depresión y la ansiedad, ha sido galardonado con varios premios de investigación.

También publicado por Paidós

Cómo convivir con una persona imperfecta, de Louis H. Janda, empieza afirmando que el problema de las relaciones es que las dos personas en cuestión pueden tener diferentes estilos de personalidad y cada uno pensar que el suyo demuestra la mejor manera de ser. Resulta obvio que al menos uno, y tal vez ambos, están equivocados. Este libro está destinado a aquellos que creen que el estilo de la personalidad de su cónyuge provoca dificultades en la relación.

Los doce estilos de personalidad descritos en los doce capítulos que componen la obra son los que se consideran más problemáticos y comunes. Estos estilos, que suelen parecer inocentes a primera vista, pueden desgastar una relación con el paso del tiempo. En realidad, los estilos de personalidad pueden resultar más peligrosos para una relación que otros problemas más evidentes. El compulsivo, la coqueta, el mujeriego, el tipo agradable, el egoísta, el apático, el obsesionado por el dinero, el hipocondríaco, el fanático de las dietas, la persona dependiente, el introvertido y el amante imperfecto son los tipos que el autor analiza en el libro. Y su objetivo consiste en desarrollar cuatro partes en cada uno de los doce capítulos. La primera es un cuestionario al principio de cada uno de ellos, con el fin de orientar al lector respecto del estilo de personalidad o problema que pueda afectar a su pareja. La segunda parte está destinada a suministrarle una explicación de la naturaleza de ese estilo. La parte siguiente de cada capítulo aportará al lector una idea de cómo las personas llegan a tener tal o cual problema o forma de ser. Y la última proporciona ejemplos de cómo afrontar cuestiones específicas. Todo ello puede servir de ayuda al lector para desarrollar algunas de las cualidades del terapeuta nato, y resolver todos los problemas relacionales a los que se deberá enfrentar.

También publicado por Paidós

Conversando sobre sexo, de Marta Suplicy (psicóloga dedicada al estudio de la sexualidad y creadora de un espacio diario sobre sexo, muy popular en la televisión brasileña), propone al lector, entre otras cosas, desmitificar el sexo y todo lo relacionado con él; abordar de manera sencilla y familiar lo que hasta hace poco era el mayor tabú de nuestra cultura; descubrir, mantener y fomentar la alegría de una vida sexual plena y equilibrada; alcanzar sin temor el placer sexual, libre de las restricciones de una moral agobiante y desalentadora; desembarazarse del sentimiento de culpabilidad que suele asociarse con actos propios de la naturaleza humana; contemplar la sexualidad con los ojos de un niño y disfrutar de ella con la responsabilidad de un adulto...

Obra eminentemente didáctica, aunque a veces muy creativa, contiene ejemplos en los que el lector puede verse reflejado en una u otra etapa de su vida: tanto en los capítulos sobre la virginidad, la masturbación, la adolescencia y la menopausia, donde se abordan los principales estereotipos de la condición femenina, como en los dedicados al orgasmo o las relaciones prematrimoniales, queda de manifiesto hasta qué punto la vida íntima de hombres y mujeres puede quedar destruida por las normas de comportamiento nacidas de la falta de información o de una educación restrictiva.

Marta Suplicy, apoyada en su condición de mujer, contempla el tema desde un punto de vista que bien puede considerarse magistral en su contenido y, a la vez, llano y sencillo en su exposición. El resultado es un trabajo serio y competente que, desde el campo de la ciencia y el de la experiencia cotidiana, desmitifica el mayor tabú de nuestra cultura: la sexualidad.

También publicado por Paidós

La madre que trabaja, de Sirgay Sanger y John Kelly, es el primer libro que muestra a las madres cuya jornada laboral transcurre fuera del hogar, cómo hacer que su trabajo sea un factor positivo en el crecimiento psicológico de sus hijos, desde su nacimiento hasta los cuatro años. Basado en el prestigioso programa para padres elaborado y dirigido por el eminente psicólogo infantil Sirgay Sanger, el libro muestra cómo el estilo de vida de las actuales mujeres ocupadas fuera del hogar ha dado origen a un tipo de niño nuevo, más seguro de sí mismo, más independiente y más avanzado socialmente. *La madre que trabaja* pretende colmar los anhelos de la mujer: la respalda en su necesidad y su deseo de trabajar, al mismo tiempo que le enseña cómo lograr una presencia activa en la vida de su hijo, incluso mientras está fuera del hogar. La clave está en un estilo maternal que desarrolle y mantenga el apego, ese vínculo especial que se da entre madre e hijo, que fomente la sensación de seguridad en el niño, que lo prepare psicológicamente para la separación diaria y que permita a la madre y al niño sacar el máximo partido del tiempo que pasan juntos.

Tras haber leído este libro, las madres podrán entender el nuevo mundo de desarrollo en el cual, en su carácter de mujeres que trabajan, están educando a sus hijos. Aprenderán las reglas que gobiernan dicho mundo, así como a crear el apego seguro que permitiría al niño sentir la fuerza de su presencia durante todo el día. Y finalmente comprenderán que esa presencia es la que permite al niño tener todos los beneficios de este mundo y evitar sus riesgos. Con su original combinación de datos procedentes de la investigación directa y palabras de aliento, el texto brinda soluciones positivas a millares de mujeres que actualmente trabajan.

1) ... Me estoy sintiendo involucrado porque ... de tal o cual manera en una relación ... Ye ... ocupado/a la fantasía. ... siento y respecto ... todo ... en mi ... No te estoy involucrando why FANTASEANDO CON UNA RELACIÓN. S NO EXISTE

2) Periódicamente 1F2 → Releer este libro y GRABAR las ideas ... me parezcan más interesantes, relax y el tema del dinero, mi ... ¿todo lo suyo/a?

Esta obra se terminó de imprimir en el mes
de junio de 1991 en los talleres de
Mar-Co Impresores
Calle Pedregoso 67, Col.
San Francisco Coyoacán
México, D.F.